Poètes et Prosateurs

—

ANTHOLOGIE CONTEMPORAINE

DES

ÉCRIVAINS FRANÇAIS & BELGES

—

TOME PREMIER

—

Poètes & Prosateurs

Anthologie Contemporaine

DES

ÉCRIVAINS FRANÇAIS & BELGES

SOUS LA DIRECTION LITTÉRAIRE

DE

ALBERT DE NOCÉE

PREMIÈRE SÉRIE

N° 1 A 12. — 20 AOUT 1887 AU 1" JANVIER 1888

MM. CATULLE MENDÈS ⁓ GEORGES RODENBACH
LÉON HENNIQUE ⁓ GEORGES EEKHOUD ⁓ LÉON CLADEL
Mme G. DE MONTGOMERY ⁓ ALBERT DE NOCÉE
GUSTAVE GUICHES ⁓ PAUL COMBES
STÉPHANE MALLARMÉ ⁓ MANOËL DE GRANDFORT
CAMILLE LEMONNIER

BRUXELLES		PARIS
LIBRAIRIE NOUVELLE		*LIBRAIRIE UNIVERSELLE*
2, BOULEVARD ANSPACH, 2		41, RUE DE SEINE, 41

1887

Poètes et Prosateurs

—

ANTHOLOGIE CONTEMPORAINE

DES

ÉCRIVAINS FRANÇAIS & BELGES

—

TOME PREMIER

—

Poètes et Prosateurs

Anthologie Contemporaine

DES

ÉCRIVAINS FRANÇAIS & BELGES

SOUS LA DIRECTION LITTÉRAIRE

DE

ALBERT DE NOCÉE

PREMIÈRE SÉRIE

Nᵒˢ 1 A 12. — 20 AOUT 1887 AU 1ᵉʳ JANVIER 1888

MM. CATULLE MENDÈS — GEORGES RODENBACH
LÉON HENNIQUE — GEORGES EEKHOUD — LÉON CLADEL
Mᵐᵉ G. DE MONTGOMERY — ALBERT DE NOCÉE
GUSTAVE GUICHES — PAUL COMBES
STÉPHANE MALLARMÉ — MANOËL DE GRANDFORT
CAMILLE LEMONNIER

BRUXELLES
MESSAGERIES de la PRESSE
16, RUE DU PERSIL, 16

PARIS
LIBRAIRIE UNIVERSELLE
41, RUE DE SEINE, 41

1887-1888

QUATRIÈME ÉDITION

CATULLE MENDÈS

—

LES MONSTRES PARISIENS
— LE MANGEUR DE RÊVE —

—

LES CONTES DU ROUET
— LE MAUVAIS CONVIVE —

—

VOL. 1. — SÉRIE 1 (Nº 1).

LES MONSTRES PARISIENS

LE MANGEUR DE RÊVE

Une exception ? Non pas. Ils sont nombreux déjà, très nombreux, et seront bientôt innombrables si l'histoire que je vais raconter — que je dois raconter — ne galvanise pas, par l'épouvante et l'horreur, le ressort de leur vie énervée, ne fait pas se redresser leur volonté gisante.

I

Il s'en va par la ville, le menton sur la poitrine, les bras abandonnés. Cinquante ans sans doute. Mais les plus las quinquagénaires, ceux qu'a le plus exténués, rompus, avilis l'immonde et laborieuse débauche, n'ont pas cette démarche vague, errante, qui chancelle, tâtonne l'air, s'appuie aux murs. Dans ses yeux démesurément ouverts, fixes, dont on ne voit jamais se baisser les paupières — deux agates jaunes, sans lueur — il y a l'hébétude nulle des yeux des vieux aveugles. En face de tout ils semblent ne rien voir, ils sont comme morts ; c'est comme la contemplation du néant par le néant. Sa face, d'un jaune lisse, dont la peau très tendue n'a pas un pli vivant, ressemble au visage d'un cadavre que l'on tarde à inhumer, fait songer aussi à une tête de mort, bien vernie. On dirait que médusée, un jour, par quelque épouvantable vision,elle garde éternellement la blême immo- bilité stupéfaite de la peur. A qui l'interroge, il ne répond jamais ; l'air de ne pas comprendre ; mais il entend, car il tressaille avec le sursaut d'un animal endormi qui reçoit un coup de trique, et il s'éloigne de travers, les mains jointes sous le menton, s'accule dans quelque coin, et s'y resserre, effaré. Sa voix, — car il lui arrive de parler, non pas à d'autres, mais à lui-même, — est quelquefois très frêle, très grêle, presque imperceptible, pareille à une vibration de chanterelle aiguë,comme si elle descendait de très haut,quel- quefois épaisse et lourde, sourde, comme si elle émanait de quelque rauque profondeur ; mais, toujours, c'est un bruit de chose plutôt qu'une parole humaine. Après chaque mot, sa bouche reste longtemps ouverte, et alors sa langue exsangue pend hors de ses dents noires, comme celle d'un nègre qui chique du bétel, et, longue, bat un peu ; la langue d'un chien qui lape. Et on le voit partout ! à toute heure ! Dans les rues remuantes du fracas des roues qui le frôlent, sur les boulevards tumultueux où la foule le roule, il va per- pétuellement, vague épave à vau-l'eau. Morne, plein d'un effroi qui effraie, il a l'air d'un ressuscité qui continuerait, à travers la vie et le jour, la lente promenade commencée dans l'ombre du caveau autour de son cercueil rouvert.

Eh bien ! cet homme n'a pas cinquante ans ! il en a trente à peine ; et naguère il était beau, et naguère la généreuse jeunesse lui battait dans la poitrine, lui mettait des rires aux lèvres, des flammes dans le regard, et, sur le front, le rayonnement de vivre ! Quand il sortait dans les rues pleines de soleil, il sentait monter à sa gorge de chaudes bouffées de joie. Car, en même temps que jeune, il était heureux, avec emportement, ayant dans son esprit le rêve et l'amour dans son cœur. Artiste, il poursuivait, il allait atteindre, avec la certitude des premières fougues, son idéal hautain ; amant, il connaissait le suprême délice d'être l'époux de celle qu'on adore, et de la voir sourire, la nuit, endormie, la tête dans ses cheveux. O fiertés ! ô douceurs ! bientôt toute la gloire, déjà toute la tendresse. La joie et l'espérance activaient éperdument son être ; prodigue de lui-même, prêt à toutes les nobles audaces, loyal comme un serment de vierge, brave comme une épée de héros, il était la jeunesse elle-même, épanouie et triomphante !

Mais un jour, — par une curiosité perverse, ou pour griser quelque ennui d'un instant, — il entra, comme Roméo chez l'apothicaire de Mantoue, dans la détestable boutique où l'on vend la pâte verte qui contient la damnation et la mort ; et il y est revenu souvent, très souvent.

II

O délicieuse et sinistre drogue ! que tu sois la pâte épaisse, pesante, qui s'agglutine, ou que tu te dérobes, quintessenciée, sous l'argent des pilules, — dawamesk ou haschichine, tu es terrible, Haschich !

Oui, tu es adorable ; oui, tu donnes la langueur exquise

ou la joie effrénée, la paix, comme Dieu, l'orgueil, comme Satan ; oui, par toi l'on oublie ! Hors des médiocrités de la vie réelle, loin de la sottise rampante et des devoirs étroits, l'homme par toi s'élève, avec les ailes de la délivrance, dans les chimères et dans les victoires. Tu es la fausse clé du paradis ! Si tu ne crées pas, tu transformes.

Tu élargis les horizons ; tu fais d'une rose une forêt de roses, d'une masure un palais, un soleil d'une lanterne.Celui qui t'appartient baise la bouche de Béatrix sur les lèvres d'une fille, retrouve, centuplée,dans de sales accouplements, la pure extase du premier amour. Tu dis, toi aussi : « Vous serez comme des dieux ! » et tu tiens ta promesse ; celui qui convoite l'or entend s'écrouler autour de lui des niagaras somptueux de monnaies ; celui qui aspire à la gloire des Dante et des Shakespeare, voit se précipiter sur son passage l'enthousiasme éperdu des foules ; et pour celui que tente le triomphe des chefs militaires, tu sonnes dans les clairons héroïques et flottes dans les victorieuses bannières.

Mais tu vends cher tes ivresses, Haschich ! Ton ciel se retourne en enfer.Un enfer spécial où vous attend cet unique et abominable supplice, le plus insupportable de tous : la désolation immense, éternelle, l'infini écœurement. Si tu te bornais, ô redoutable Seigneur, à éteindre les regards, à éteindre le sourire, à mettre sur les fronts la pâleur des cadavres, à courber les épaules, à faire de la virilité quelque chose qui ressemble à une loque qui tombe, tes esclaves te remercieraient encore, à cause du souvenir de tes dons ineffables ! Souffrir dans son corps, qu'est-ce donc pour ceux à qui furent accordées toutes les extases de l'âme divinisée ? Hélas ! tu es un bourreau subtil. A force d'exaspérer les forces vives des cœurs et des esprits, tu les brises, ces cœurs, tu les tues, ces esprits. Rien de ce qui doit être aimé ne semble plus digne de l'être, rien de ce qui peut être rêvé ne paraît plus digne d'une pensée. A quoi bon vivre ? Est-ce que le ciel vaut un regard ? Quelle femme vaut un baiser ? Une morne indifférence lasse, on ne sait quel énorme dégoût, passif. Le sentiment du devoir à jamais aboli. On a sous ses pieds le respect de soi-même, ainsi qu'une chose sur quoi l'on peut marcher. La conscience, longtemps surchargée de délices coupables, cède enfin, défaille comme un estomac d'ivrogne, n'a pas même de remords, s'abandonne dans un opaque et mol ennui, comme dans un vomissement.

III

L'autre jour, sur le boulevard, le misérable dont je dis l'histoire a été souffleté par un passant qu'il avait coudoyé : il a fui comme un enfant qu'on bat, retournant parfois la tête, craignant d'être poursuivi ! il ne sait même plus ce que signifient ces mots augustes : l'art, la gloire, la beauté. Est-il un homme encore ? Non, quelqu'un qui mange, boit, dort, et, réveillé, va droit devant lui, sans but, sans pensée. La femme élue, l'épouse infiniment adorée, dont il baisait les genoux comme un dévot baise l'autel, elle est pour lui comme si elle n'était pas. Il ne voit plus les rayons qu'elle a dans les yeux, la rose qu'elle a sur la bouche. Lasse de ce compagnon morose et lâche, elle a pris un amant ; il le sait, il ne peut pas l'ignorer : l'amant est là toujours, donnant des ordres aux domestiques, commandant le dîner, tutoyant sa maîtresse devant tout le monde, disant, le soir : « Il est

tard, viens te coucher. » Mais lui, il ne s'irrite pas, ne
s'étonne même pas. Ce qui est, il l'accepte. Jamais de révolte.
Comme il a pour lit un canapé du salon, il entend des
baisers et des rires dans la chambre voisine, et s'endort. Non
seulement imbécile — mais infâme. Ne travaillant plus, il
est pauvre; l'appartement où il loge, les habits qu'il porte, le
pain qu'il mange, le tabac qu'il fume, c'est l'amant qui les
paie. Soit ! il ne dit pas non, il veut bien, ou il ne songe pas
à cela. Abject, n'importe. Il s'affaisse de plus en plus dans
l'irrémédiable inertie de l'ennui. Et il vivra ainsi — non
vivant — jusqu'à l'heure où, passant, par un beau soir, sur
un pont, et voyant se mirer dans l'eau bleue les réverbères
et les étoiles, — pâles souvenirs des premières visions splendides du haschich, — il se laissera tomber dans le fleuve,
sans désespoir, à cause de l'occasion, comme il eût continué
sa route. En fouillant le noyé, on trouvera dans sa poche un
peu de la pâte verte, mêlée de tabac, puante.

LES CONTES DU ROUET

LE MAUVAIS CONVIVE

Il régnait une grande inquiétude à la cour et dans tout le royaume parce que le fils du roi, depuis quatre jours, n'avait pris aucune nourriture. S'il avait eu la fièvre ou quelque autre maladie, on n'eût pas été surpris de ce jeûne prolongé; mais les médecins s'accordaient à dire que le prince, n'eût été la grande faiblesse que lui causait son abstinence, se serait porté aussi bien que possible. Pourquoi donc se privait-il ainsi ? Il n'était pas question d'autre chose parmi les courtisans, et même parmi les gens du commun; au lieu de se souhaiter le bonjour, on s'abordait en disant : « A-t-il mangé, ce matin ? » Et personne n'était aussi anxieux que le roi lui-même. Ce n'était pas qu'il eût une grande affection pour son fils; ce jeune homme lui donnait toutes sortes de mécontentements; bien qu'il eût seize ans déjà, il montrait la plus grande aversion pour la politique et pour le métier des armes; lorsqu'il assistait au conseil des ministres, il bâillait pendant les plus beaux discours d'une façon très malséante, et une fois, chargé d'aller, à la tête d'une petite armée, châtier un gros de rebelles, il était revenu avant le soir, son épée enguirlandée de volubilis et ses soldats les

mains pleines de violettes et d'églantines; donnant pour
raison qu'il avait trouvé sur son chemin une forêt printa-
nière, tout à fait jolie à voir, et qu'il est beaucoup plus amusant de cueillir des fleurs que de tuer des hommes. Il aimait
à se promener seul sous les arbres du parc royal, se plaisait
à écouter le chant des rossignols quand la lune se lève; les
rares personnes qu'il laissait entrer dans ses appartements
racontaient qu'on y voyait des livres épars sur les tapis, des
instruments de musique, guzlas, psaltérions, mandores; et,
la nuit, accoudé au balcon, il passait de longues heures à
considérer, les yeux mouillés de larmes, les petites étoiles
lointaines du ciel. Si vous ajoutez à cela qu'il était pâle et
frêle comme une jeune fille, et, qu'au lieu de revêtir les
chevaleresques armures, il s'habillait volontiers de claires
étoffes de soie où se mire le jour, vous vous expliquerez que
le roi fût fort penaud d'avoir un tel fils. Mais, comme le
jeune prince était le seul héritier de la couronne, son salut
était utile au bien de l'État. Aussi ne manqua-t-on point de
faire, pour le résoudre à ne pas se laisser mourir de faim,
tout ce qu'il fut possible d'imaginer. On le pria, on le sup-
plia ; il hochait la tête sans répondre. On fit apprêter par des
cuisiniers sans pareils les poissons les plus appétissants,
les plus savoureuses viandes, les primeurs les plus délicates ;
saumons, truites, brochets, cuissots de chevreuil, pattes
d'ours, hures de marcassins nouveaux-nés, lièvres, faisans,
coqs de bruyère, cailles, bécasses, râles de rivières, char-
geaient sa table à toute heure servie, et il montait, de vingt
assiettes, une bonne odeur de fraîche verduresse; le jugeant
las des venaisons banales et des légumes accoutumés, on lui
accommoda des filets de bisons, des râbles de chiens chinois,
hachés dans des nids de salanganes, des brochettes d'oiseaux-
mouches, des griblettes de ouistitis, des brezolles de guenu-
ches, gourmandées de primprenelles des Andes, des rejetons
d'hacubs cuits dans de la graisse d'antilope, des marolins de
Chandernagor et des sacramarons du Brésil dans une pimen-
tate aux curcas. Mais le jeune prince faisait signe qu'il

n'avait pas faim, et, après un geste d'ennui, il retombait dans une rêverie.

Les choses en étaient là, et le roi se désolait de plus en plus lorsque l'enfant, exténué, se soutenant à peine et plus blanc que les lys, lui parla en ces termes :

— Mon père, si vous ne voulez pas que je meure, donnez-moi congé de quitter votre royaume, et d'aller où bon me semblera, sans être éclairé de pas un.

— Eh ! faible comme tu es, tu t'évanouirais avant le troisième pas, mon fils.

— C'est pour reprendre des forces que je veux m'éloigner. Avez-vous lu ce qu'on raconte de Thibaut le Rimeur, le trouvère qui fut le prisonnier des fées ?

— Ce n'est pas ma coutume de lire, dit le roi.

— Sachez donc que, chez les fées, Thibaut mena une vie très heureuse, et qu'il était surtout content à l'heure des repas parce que de petits pages, qui étaient des gnomes, lui servaient pour potage une goutte de rosée sur une feuille d'acacia, pour rôti une aile de papillon dorée à un rayon de soleil, et, pour dessert, ce qui reste à un pétale de rose du baiser d'une abeille.

— Un maigre dîner ! dit le roi, qui ne put s'empêcher de rire malgré les soucis qu'il avait.

— C'est pourtant le seul qui me fasse envie. Je ne saurais me nourrir, comme les autres hommes, de la chair des bêtes tuées, ni des légumes nés du limon. Octroyez-moi de m'en aller chez les fées, et, si elle me convient à leurs repas, je mangerai à ma faim et reviendrai plein de santé.

Qu'eussiez-vous fait, à la place du roi ? Puisque le jeune prince était sur le point de mourir, c'était une façon de sagesse que de consentir à sa folie; son père le laissa donc partir, n'espérant plus le revoir.

Comme le royaume était près de la forêt de Broceliande, l'enfant n'eut pas beaucoup de chemin à faire pour se rendre chez les fées; elles l'accueillirent fort bien, non point parce qu'il était le fils d'un puissant monarque, mais parce qu'il

se plaisait à écouter le chant des rossignols quand la lune se
lève et à regarder, accoudé au balcon, les lointaines étoiles.
On donna une fête en son honneur dans une vaste salle aux
murs de marbre rose, qu'éclairaient des lustres en diamant ;
les plus belles des fées, pour le plaisir de ses yeux, dansaient
en rond, se tenant par la main, laissant traîner des écharpes.
Il éprouvait une joie si grande, malgré de cruels tiraille-
ments d'estomac, qu'il eût voulu que les danses durassent
toujours. Cependant il devenait de plus en plus faible, et il
comprit qu'il ne tarderait pas à mourir s'il ne prenait point
quelque nourriture. Il avoua à l'une des fées l'état où il se
trouvait, osa même lui demander à quelle heure on soupe-
rait. « Eh ! quand il vous plaira ! » dit-elle. Elle donna un
ordre, et voici qu'un petit page, qui était un gnome, apporta
au prince, pour potage, une goutte de rosée sur une feuille
d'acacia. Ah ! l'excellent potage ! Le convié des fées déclara
qu'on ne saurait rien imaginer de meilleur. On lui offrit
ensuite pour rôti une aile de papillon dorée à un rayon de
soleil, — une épine d'aubépine avait servi de broche, — et
il la mangea d'une seule bouchée, avec délice. Mais ce qui
le charma surtout, ce fut le dessert, la trace d'un baiser
d'abeilles sur un pétale de rose. « Eh bien ! dit la fée, avez-
vous bien soupé, mon enfant ? » Il fit signe que oui, extasié,
mais, en même temps, il pencha la tête et mourut d'inani-
tion. C'est qu'il était un de ces pauvres êtres, — tels sont les
poêtes ici-bas, — trop purs et pas assez, trop divins pour
partager les festins des hommes, trop humains pour couper
chez les fées.

CATULLE MENDÈS.

Bruxelles, Messageries de la Presse, 16, rue du Persil, 16.
LIBRAIRIE UNIVERSELLE. — Paris, 41, rue de Seine, 41.
DIRECTION : Bruxelles, 62, rue du Marteau, 62.

TROISIÈME ÉDITION.

GEORGES RODENBACH

—

LES TRISTESSES

— LE COFFRET —

—

L'HIVER MONDAIN

— FEMME EN DEUIL — JARDIN D'HIVER —

—

LA JEUNESSE BLANCHE

— BÉGUINAGE FLAMAND — DIMANCHES —
— VIEUX QUAIS —
— VEILLÉE DE GLOIRE —

—

VOL. 2 — SÉRIE 1 (N° 2).

BIBLIOGRAPHIE

—

Georges RODENBACH, né à Tournai en 1855.

—

Les Tristesses. — Lemerre, 1879, Paris.
La Mer élégante. — » 1881, »
L'Hiver mondain. — Bruxelles, 1884.
La Jeunesse blanche. — Lemerre, 1886, Paris.

—

Pour paraître prochainement :

La Vie morte, roman.
L'Amour en exil, roman.
Le Livre de Jésus. poème.
Du Silence, poème.

—

LES TRISTESSES

—

LE COFFRET

Ma mère, pour ses jours de deuil et de souci,
Garde, dans un tiroir secret de sa commode,
Un petit coffre en fer rouillé, de vieille mode,
Et ne me l'a fait voir que deux fois jusqu'ici.

Comme un cercueil, la boîte est funèbre et massive,
Et contient les cheveux de ses parents défunts,
Dans des sachets jaunis aux pénétrants parfums,
Qu'elle vient quelquefois baiser le soir, pensive !

Quand sont mortes mes sœurs blondes, on l'a rouvert
Pour y mettre des pleurs et deux boucles frisées,
Hélas ! nous ne gardions d'elles, chaînes brisées,
Que ces deux anneaux d'or dans ce coffret de fer.

Et toi, puisque tout front vers le tombeau se penche,
O mère, quand viendra l'inévitable jour
Où j'irai dans la boîte enfermer à mon tour
Un peu de tes cheveux,... que la mèche soit blanche !...

———

L'HIVER MONDAIN

FEMME EN DEUIL

Très pâle, maladive et les deux yeux creusés
Comme des trous de nuit où se meurt une étoile,
En grand deuil, et cachant sa langueur sous un voile,
Elle allait dans la neige avec des airs brisés.

Et la voyant passer je me disais : Mon Ame
Est en grand deuil aussi dans le blanc de l'hiver,
Mais afin d'oublier tous deux le mal souffert
Il suffirait d'avoir l'amour de cette femme.

Car rien qu'à nous presser les mains quelques moments
Nous ferions une joie avec nos deux tourments !
Et tandis que je songe elle est loin disparue.

Dans le balancement mélancolique et las
De sa robe, on croirait, tout au bout de la rue,
Entendre agoniser sa marche comme un glas.

JARDIN D'HIVER

Le soir, lorsque la lune épand ses frissons bleus
Et que des peaux de tigre et des tapis moëlleux
Assourdissent les pas dans la chambre de verre,
Un grand jet d'eau sanglotte au milieu de la serre,
Comme s'il se plaignait élégiaquement
De retomber toujours dans le bassin dormant
Et de ne pas pouvoir, pour calmer sa rancune,
Porter son baiser froid aux lèvres de la Lune !

LA JEUNESSE BLANCHE

BÉGUINAGE FLAMAND

Au loin, le Béguinage avec ses clochers noirs,
Avec son rouge enclos, ses toits d'ardoises bleues
Reflétant tout le ciel comme de grands miroirs,
S'étend dans la verdure et la paix des banlieues.

Les pignons dentelés étagent leurs gradins
Par où monte le Rêve aux lointains qui brunissent,
Et des branches parfois, sur le mur des jardins,
Ont le geste très doux des prêtres qui bénissent.

En fines lettres d'or chaque nom des couvents
Sur les portes s'enroule autour des banderolles,
Noms charmants chuchotés par la lèvre des vents :
La maison de l'Amour, la maison des Corolles.

Les fenêtres surtout sont comme des autels
Où fleurissent toujours des géraniums roses,
Qui mettent, combinant leurs couleurs de pastels,
Comme un rêve de fleurs dans les fenêtres closes.

Fenêtres des couvents ! attirantes le soir
Avec leurs rideaux blancs, voiles de mariées
Qu'on voudrait soulever dans un bruit d'encensoir
Pour goûter vos baisers, lèvres appariées !

Mais ces femmes sont là, le cœur pacifié,
La chair morte, cousant dans l'exil de leurs chambres ;
Elles n'aiment que toi, pâle Crucifié,
Et regardent le ciel par les trous de tes membres !

Oh ! le silence heureux de l'ouvroir aux grands murs,
Où l'on entend à peine un bruit de banc qui bouge,
Tandis qu'elles sont là, suivant de leurs yeux purs
Le sable en ruisseaux blonds sur le pavement rouge.

Oh ! le bonheur muet des vierges s'assemblant !
Et comme si leurs mains étaient de candeur telle
Qu'elles ne peuvent plus manier que du blanc,
Elles brodent du linge ou font de la dentelle.

C'est un charme infini de leur dire « ma sœur »
Et de voir la pâleur de leur teint diaphane
Avec un pointillé de taches de rousseur
Comme un camélia d'un blanc mat qui se fane.

Rien d'impur n'a flétri leurs flancs immaculés,
Car la source de vie est enfermée en elles
Comme un vin rare et doux dans des vases scellés
Qui veulent, pour s'ouvrir, des lèvres éternelles !

II

Cependant quand le soir douloureux est défunt,
La cloche lentement les appelle à complies
Comme si leur prière était le seul parfum
Qui pût consoler Dieu dans ses mélancolies !

Tout est doux, tout est calme au milieu de l'enclos ;
Aux offices du soir la cloche les exhorte,
Et chacune s'y rend, mains jointes, les yeux clos,
Avec des glissements de cygne dans l'eau morte.

Elles mettent un voile à longs plis ; le secret
De leur âme s'épanche à la lueur des cierges ;
Et, quand passe un vieux prêtre en étole, on croirait
Voir le Seigneur marcher dans un Jardin de Vierges !

III

Et l'élan de l'extase est si contagieux,
Et le cœur à prier si bien se tranquillise,
Que plus d'une, pendant les soirs religieux,
L'été, répète encor les Ave de l'église.

Debout à sa fenêtre ouverte au vent joyeux,
Plus d'une, sans ôter sa cornette et ses voiles,
Bien avant dans la nuit, égrène avec ses yeux
Le rosaire aux grains d'or des priantes étoiles !

VIEUX QUAIS

Il est une heure exquise, à l'approche des soirs,
Quand le ciel est empli de processions roses
Qui s'en vont effeuillant des âmes et des roses
Et balançant dans l'air des parfums d'encensoirs.

Alors tout s'avivant sous les lueurs décrues
Du couchant dont s'éteint peu à peu la rougeur,
Un charme se révèle aux yeux las du songeur :
Le charme des vieux murs au fond des vieilles rues.

Façades en relief, vitraux coloriés,
Bandes d'amours captifs dans le deuil des cartouches,
Femmes dont la poussière a défleuri les bouches,
Fleurs de pierre égayant les murs historiés.

Le gothique noirçi des pigeons se décalque
En escaliers de crêpe au fil dormant de l'eau,
Et la lune se lève au milieu d'un'halo
Comme une lampe d'or sur un grand catafalque.

Oh ! les vieux quais dormants dans le soir solennel,
Sentant passer soudain leurs faces de pierre
Les baisers et l'adieu glacé de la rivière
Qui s'en va tout là-bas sous les ponts en tunnel.

Oh ! les canaux bleus à l'heure où l'on allume
Les lanternes, canaux regardés des amants
Qui devant l'eau qui passe échangent des serments
En entendant gémir des cloches dans la brume.

Tout agonise et tout se tait : on n'entend plus
Qu'un très mélancolique air de flûte qui pleure,
Seul, dans quelque invisible et noirâtre demeure
Où le joueur s'accoude aux châssis vermoulus !

Et l'on devine au loin le musicien sombre,
Pauvre, morne, qui joue au bord croulant des toits ;
La tristesse du soir a passé dans ses doigts,
Et dans sa flûte à trous il fait chanter de l'ombre.

DIMANCHES

Morne l'après-midi des dimanches, l'hiver,
Dans l'assoupissement des villes de province,
Où quelque girouette inconsolable grince
Seule, au sommet des toits, comme un oiseau de fer !

Il flotte dans le vent on ne sait quelle angoisse !
De très rares passants s'en vont sur les trottoirs :
Prêtres, femmes du peuple en grands capuchons noirs,
Béguines revenant des saluts de paroisse.

Des visages de femme ennuyés sont collés
Aux carreaux, contemplant le vide et le silence,
Et quelques maigres fleurs, dans une somnolence,
Achèvent de mourir sur les châssis voilés.

Et par l'écartement des rideaux de fenêtres
Dans les salons des grands hôtels patriciens
On peut voir, sur des fonds de gobelins anciens,
Dans de vieux cadres d'or, les portraits des ancêtres,

En fraise de dentelle, en pourpoint de velours,
Avec leur blason peint dans un coin de la toile,
Qui regardent au loin s'allumer une étoile
Et la ville dormir dans des silences lourds.

Et tous ces vieux hôtels sont vides et sont ternes ;
Le moyen-âge mort se réfugie en eux !
C'est ainsi que, le soir, le soleil lumineux
Se réfugie aussi dans les tristes lanternes.

O lanternes, gardant le souvenir du feu
Le souvenir de la lumière disparue,
Si tristes dans le vide et le deuil de la rue
Qu'elles semblent brûler pour le convoi d'un Dieu.

Et voici que soudain les cloches agitées
Ébranlent le Beffroi debout dans son orgueil,
Et leurs sons, lourds d'airain, sur la ville au cercueil
Descendent lentement comme des pelletées !

VEILLÉE DE GLOIRE

—

Quel orgueil d'être seul à sa fenêtre, tard,
Près de la lampe amie, à travailler sans trève,
Et sur la page blanche où l'on fixe son rêve
De planter un beau vers tout vibrant, comme un dard.

Quel orgueil d'être seul pendant les soirs magiques
Quand tout s'est assoupi dans la cité qui dort
Et que la Lune seule, avec son masque d'or,
Promène ses pieds blancs sur les toits léthargiques.

L'orgueil de luire encor lorsque tout s'est éteint :
Lampe du sanctuaire au fond des nefs sacrées,
Survivance du phare au-dessus des marées
Dont on ne perçoit plus qu'un murmure indistinct.

L'orgueil qu'ont les amants, les moines, les poètes
D'être en communion avec l'obscurité,
Et d'avoir à leur cœur des vitraux de clarté
Qui ne s'éteignent pas pendant les nuits muettes.

Quel orgueil d'être seul, les mains contre son front,
A noter des vers doux comme un accord de lyre
Et, songeant à la mort prochaine, de se dire :
Peut-être que j'écris des choses qui vivront !...

Messageries de la Presse. — Bruxelles, 16, rue du Persil, 16.
Librairie Universelle. — Paris, 41, rue de Seine, 41.
Direction : Bruxelles, 62, rue du Marteau, 62.

LÉON HENNIQUE

—

LES FUNÉRAILLES

DE

FRANCINE CLOAREC

—

BIBLIOGRAPHIE

—

Léon HENNIQUE, né à la Basse Terre (Guadeloupe) le 4 novembre 1852.

—

La Dévouée. — Charpentier, 1879.
Élisabeth Couronneau. — Dentu, 1879.
Les Hauts Faits de M. de Ponthau, — Derveaux, 1880.
Deux Nouvelles. — Kistemaeckers, 1881.
Benjamin Rozes. — Kistemaeckers, 1881.

—

(En collaboration avec J.-K. Huysmans). *Pierrot sceptique.* — Ed. Rouveyre, 1883.

—

(En collaboration avec Zola, Maupassant, Huysmans, Alexis, Céard), *Les Soirées de Médan.* — Charpentier, 18....

—

L'Accident de M. Hébert. — 1884.
La Mort du duc d'Enghien. Tresse et Stock, 1886.

—

Pœuf. — Tresse et Stock, 1886.

LES FUNÉRAILLES DE FRANCINE CLOAREC

I

Quand les croque-morts se furent arrêtés devant le numéro onze de l'impasse de Guelma, ils jetèrent sur la haute maison sale un regard qui la parcourut de la base au sommet. A quel étage pouvait bien être la morte ?... Aucun volet fermé ne guidant leur investigation, après un échange de paroles brèves durant lesquelles on les vit former un groupe très obscur sur la neige, ils pénétraient à la file dans le couloir béant, par où leur besogne devait s'accomplir. Derrière eux, cahin-caha, sous la conduite d'un vigoureux gaillard à épais bicorne, le corbillard des pauvres arriva au petit trot d'une vieille jument pisseuse.

La loge du concierge était close, mais l'escalier, plein de tapage, retentissait sous les coups d'un balai agile, dans le silence de la matinée.

— Hé ! l'portier ! on d'mande l'portier, cria l'un des croque-morts, tandis que ses camarades tapaient leurs gros souliers neigeux sur le carrelage du couloir.

— Voilà ! voilà ! Qu'est-ce qu'on me veut ? répondit une voix fraîche, une voix de jeune fille.

— C'est nous.

— Qui, vous ?

— Les pompes funèbres.

On murmura : Seigneur Dieu !... déjà ?... Puis, sur un ton clair, la même voix reprit :

— Minute, je descends.

Les quatre hommes attendirent. Par la porte ouverte, le jour gris pénétrait jusqu'à eux, éclairait le dos de leurs talmas noirs, promenait des lueurs sur le vernis éteint de leurs chapeaux. L'escalier craquait sous un pas lourd qui se dépêchait. Au bout d'un instant, une grosse femme de quarante ans, à figure bonasse, apparut et s'arrêta un peu effrayée sur les dernières marches du rez-de-chaussée. C'était la concierge dont la robe vineuse, retroussée par devant, découvrait un jupon de tricot violet, des bas malpropres serrés à la cheville par d'énormes chaussons lacés, dont un caraco de mince flanelle laissait grelotter furieusement la poitrine flasque. Le premier moment de stupeur passé, la bonne femme se rasséréna.

— Tiens, fit-elle, sur un timbre très doux, si harmonieux qu'il semblait ne point appartenir à un pareil tas de graisse, vous venez déjà pour la petite ?

— Oui, pour Francine... Francine Clo... je ne sais plus comment.

— ...Arec, Francine Cloarec, affirma un croque-mort à tête sanguine.

— Oui, c'est bien ce nom-là: Francine Cloarec... une Bretonne... Attendez que je prenne la clef, reprit la concierge.

Elle passa entre les croquo morts, péniblement, et ouvrit la porte de la loge. Une bouffée de chaleur malsaine s'en échappa.

— Mais entrez donc, ajouta-t-elle, vous vous chaufferez au moins, au lieu de rester là comme des perdus.

— Bah ! dit l'homme sanguin, pourquoi faire ?

Néanmoins, ils se faufilèrent tous les quatre autour d'un petit poêle dressé sur une plaque de tôle, dans un coin. Personne n'avait envie de parler ; seule, une casserole bouillait avec un cliquetis de couvercle, une susurration gênante, et de temps à autre bavait sur la fonte rougie. Brusquement, la concierge s'écria :

— Je ne trouve plus la clef.

Les croque-morts ne répondirent pas. Le dos rond, les mains tendues, ils se chauffaient dans des postures de travailleurs fatigués avant de se mettre à l'ouvrage.

Alors commença un bruit assourdissant, un bruit de tiroirs qu'on ouvrait, qu'on refermait, un remue-ménage de tasses dont le grincement traîna sur le marbre de la cheminée, un va-et-vient de clefs passées en revue, de meubles qu'une main rageuse dérangeait. Égayé par ce tumulte, un serin, dans une cage, contre la fenêtre, se mit à chanter.

— Veux-tu te taire ? cria la concierge impatientée.

Mais l'oiseau se sentait heureux, et le cou gonflé, tout droit sur un barreau, semblable à une étrange fleur jaune, il s'évertuait à lancer des roulades. Tous les yeux étaient braqués sur lui.

— Ah ça, la mère, finit par dire le plus jeune des croque-morts, nous n'avons pas le temps d'attendre, nous autres ; si on allait chercher un serrurier ? Çà ne doit pas manquer par...

La concierge lui coupa la parole.

— D'abord, la clef ne peut pas être perdue... je ne perds jamais rien... Elle est là, pour sûr, quelque part ; seulement il s'agit de la retrouver... Ce que c'est que de ne pas avoir de mémoire pour deux sous ! Chaque fois que je range quelque chose, j'ai toutes les peines pour remettre la main dessus. C'est réglé...

Et, soudain, elle poussa un cri de triomphe :

— Ah ! je ne suis guère futée... Montons, Mlle Sauvageot, qui a veillé le corps cette nuit, aura mis la clef sous le paillasson.

Les croque-morts se levèrent comme un seul homme. Au moment où on quittait la loge, le cocher du corbillard dont la haute stature, dans son manteau plantureux, barrait la porte de la rue, s'écria :

— Dis donc, Guillemin, tu n'aurais pas une pipe de tabac ?

— Si... attrape...

— En te remerciant, ma vieille.

Et il ajouta :

— Je crois que le bon Dieu va encore nous plumer des pigeons.

On s'engagea dans l'escalier. La concierge précédait les quatre hommes, et tout en grimpant, déjà essouf-flée au bout de quelques marches, les mains sur les cuisses, elle trouvait le moyen de jaboter :

— Cette pauvre Francine !... vingt ans à peine... Ah ! elle n'a pas traîné longtemps... J'en suis encore sens dessus dessous... Je la vois toujours comme quand elle est arrivée de son pays. Une vraie fleur ! Elle voulait entrer en place chez des bourgeois ; malheureusement, elle ne savait pas... cuisiner... A Paris, la cuisine c'est tout... Alors, n'est-ce pas ? elle a fait des ménages... ça lui aidait à vivre... Il n'en manque pas dans la maison qui gagnent de l'argent avec leur je-ne-sais-quoi... Elle aurait pu faire comme celles-là... mieux même... mais ça n'entrait pas dans son idée... Sage, l'enfant ! aussi sage qu'une image ; jamais plus d'un homme à la fois... Ne faut-il pas que les jeunes gens s'amusent ?... Vrai de vrai, une bonne fille, allez !... courageuse... Toutes mes commissions, c'est Francine qui me les faisait... Il y a cinq mois, j'avais pincé un chaud et froid dans le ventre ; eh bien, trois fois par jour, elle descendait me frictionner... Et ça ne l'empêchait pas de trouver du temps pour l'artiste du sixième qui faisait ses portraits avec elle... Un beau jour, ils ont couché ensemble... J'aurais voulu que ça dure, mais ils ne se sont pas arran-gés... La voilà morte à cette heure !... L'avant-dernière nuit, M. Vigneron, son voisin... a entendu comme un gargouillement... Il dormait à moitié... C'est lui qui m'a dit la chose, pas plus tard qu'hier... Ouf !... nous y sommes... Un sacré exercice pour mes pauvres jambes !

Maintenant, une puanteur d'égoût, une odeur de graillon rance et de charnier encombraient la respiration, s'échappant des cabinets mal fermés, des plombs ouverts, de certaines portes, de la poussière huileuse et humide répandue. Tout cela, chassé par l'air glacial de l'impasse, avait escaladé l'escalier, s'était donné rendez-vous au sixième étage de la misérable maison. Une tiédeur moite faisait suinter les murs au-dessus des lambris ravagés. Un des croque-morts ne put s'empêcher de proclamer :

— Cré nom, ça schlingue ferme.

— Oui, répondit simplement la concierge.

Et, toujours à la tête de son escorte, elle enfila une courte allée au bout de laquelle on fit halte devant une porte basse, percée d'un point lumineux par le trou de la serrure. La porte ouverte à l'aide de la clef ramassée sous le paillasson, une clarté jaunâtre se jeta dans le couloir, inondant de sa pâleur soudaine la concierge indifférente et l'impassibilité de l'homme qui la suivait directement.

On entra. Les croque-morts ne se découvrirent point.

La petite mansarde était toute grise sous le vasistas entr'ouvert et chargé d'une épaisse couche de neige. Le lit en fer où reposait Francine paraissait maigre : elle, longuement plate, enveloppée jusqu'au cou dans la blancheur douteuse d'un drap quelconque, ses piètres cheveux blonds, rares aux tempes, dispersés dans les creux du traversin, le front buriné de rides légères, la bouche déjà vieillie par vingt-quatre heures de rigidité, semblait une statue de cire abîmée grâce aux cahots de mille voitures foraines, détériorée par d'innombrables exhibitions. Entre ses paupières qu'une liqueur séreuse mouillait, on apercevait un coin de ses regards qui avaient été bleus. Aucune croix ne lui barrait la poitrine; on ne voyait à son côté ni eau bénite, ni chandelle allumée, mais en compensation, sur la cheminée, dans un de ces vases couleur d'absinthe si communs aux étalages des faïenciers, un bouquet d'herbes sèches, jadis cueillies hors barrières, étalait sa fine contexture d'aigrette. Tout était d'une propreté méticuleuse autour du cercueil allongé en plein milieu de la mansarde; la malade avait dû se lever, peut-être la veille de sa mort, afin de ranger et d'épousseter son ménage. Non loin d'une confection pitoyable, effiloquée, pendue à un clou, défroque sur laquelle un chien n'aurait pas voulu dormir, la photographie d'un garçon boucher, le dernier amant de Francine, se pavanait en tablier blanc, au centre d'un cadre payé vingt centimes dans un bazar. Le reste avait été volé par la concierge.

Il faisait très froid.

— Allons, hop ! hop ! Guillemin, fit le croque-mort à tête sanguine.

Et rejetant son talma sur ses épaules, afin d'avoir les bras libres, il alla se planter aux pieds du cadavre. Mais Guillemin opérait un creux dans la sciure du cercueil; un camarade le remplaça.

— Vous tenez à l'emporter avec le drap ? demanda la concierge, l'œil pétillant d'avidité.

Ils répondirent :

— Ce sera comme vous voudrez.

— Bien sûr, il vaut mieux le laisser, reprit-elle, les vivants en ont plus besoin que les morts.

Et, sans plus de façons, elle l'attira délicatement, et le jeta sur son bras, sans le plier. Francine était nue. On l'avait dépouillée même de la chemise où elle avait sué pour mourir. Rien ne voilait ses seins flétris, ses côtes aussi saillantes que des passementeries sur un dolman, l'ossature de ses larges hanches au fond desquelles son ventre glabre ne se soulevait plus. Ses jambes émaciées, très grosses aux genoux et aux chevilles, ressemblaient à de l'ivoire vieilli. Un mince porte-bonheur en cuivre, quelque souvenir d'amour sans doute, cerclait encore son poignet droit. Et comme les croque-morts pris d'émotion s'étaient regardés, la concierge rendit le drap.

Alors, sans une parole, ils ensevelirent le pauvre corps et le portèrent tout raidi dans son cercueil. Un flot de sciure de bois, histoire de boucher les trous, paracheva la cérémonie. Le long couvercle de sapin vissé, il ne s'agissait plus que de faire descendre au fardeau les six étages gluants de la maison.

II

Les croque-morts crachèrent dans leurs mains et soulevèrent la bière. Mâtin ! elle était lourde. Quand tous eurent trouvé une position satisfaisante pour qu'aucun effort ne fût perdu, ils avancèrent de quelques pas. Tonnerre ! voici que l'angle formé par la porte et le mur du couloir manquait de tournant, à cette heure ! Le cercueil fut dressé, la tête de la morte en bas, puis descendu en hauteur dans l'étroit corridor. Et pendant qu'on se remettait en marche, après de nouvelles difficultés pénibles, la concierge courut frapper à une porte, au fond du même corridor.

— Monsieur Richard.

— Quoi ? répondit celui-ci.

— C'est prêt.

— Bon, j'arrive.

La descente du cercueil s'opérait mal. A chaque instant, un choc terrible de catapulte ébranlait la rampe de l'escalier, gémissait dans la cage sonore. Plusieurs éraflures d'un blanc frais entamaient déjà la crasse des murailles. Aux étages inférieurs, des portes s'ouvraient et des gens se demandaient :

— Mais qu'est-ce qu'il y a donc ?

C'est alors que la concierge, tremblante pour l'immeuble confié à sa garde, se mit dans la caboche d'intervenir. Sa voix, naguère si flûtée, avait changé de diapason.

— Prenez garde à mon mur, beuglait-elle. Courage !... méfiez-vous, là, aux communs... Il en faudrait un, juste où il n'y a personne... Penchez-vous à gauche, à cause de la fenêtre... Hé ! vous... oui... le grand sec... vous gênez les autres.

Elle distribuait ses ordres en capitaine de navire, comme si elle commandait une manœuvre entravée par des vents hostiles.

Tous les petits appartements avaient déversé leur monde bavard sur les paliers. Du haut en bas de la maison, à présent, chacun savait que le cercueil de la Bretonne du sixième produisait ce tintamarre; et on jacassait à qui mieux mieux; et des enfants abandonnés pour satisfaire d'irrésistibles curiosités piaillaient comme si on les égorgeait avec un plaisir barbare. Lorsque la bière tranquille traversait les paliers au milieu des locataires, quelques femmes lâchaient un vigoureux signe de croix, d'autres murmuraient : Pauvre fille ! dans la quiétude qui se faisait. Au deuxième étage, le heurt d'une querelle de ménage éclata.

— Jules, tais-toi, tais-toi, suppliait une femme, le cercueil passe.

L'homme répondit :

— Je m'en bats l'œil.

Néanmoins, Francine Cloarec approchait du corbillard. Aussitôt en bas, dans le couloir principal, les croque-morts éprouvèrent le besoin de se reposer. Ils l'avaient bien gagné, sans compter un verre de vin, mais aucun cœur philanthropique ne se décidant à les secourir, ils gardèrent leur soif pour plus tard.

La bière gisait piteusement à leurs pieds; tandis qu'ils s'épongeaient la face avec de larges mouchoirs. Le trottoir, où de gros flocons légers tombaient comme des plumes, avait un aspect de mélancolie crapuleuse. Une couverture de neige commençait à vêtir de blanc le dais du corbillard dont on n'apercevait qu'une maigre partie sur deux moitiés de roues.

— Ah ! voilà M. Richard, fit la concierge qui, prestement avait mis des galoches, passé un châle, s'était campé sur le chignon un antique chapeau où tremblaient, dans la candeur d'un grossier montage artificiel, quelques brindilles perlées.

L'ex-amant de Francine, Joseph Richard, le peintre, dégringolait, en effet, les dernières marches de l'escalier. Rien ne le distinguait du vulgaire. Il était accompagné par un garçon pansu dont les yeux en trous de vrille luisaient au-dessus d'une paire de joues très nourries. L'un et l'autre étaient assez flambants dans leurs interminables gâteuses, la figure propre, la barbe peignée.

Sur ces entrefaites, arriva une vieille dame, modeste rentière pour qui Francine, lors de son arrivée à Paris, avait apporté une lettre de recommandation.

— Bonjour, madame Brachet, s'écria la concierge.

Celle-ci répondit :

— Bonjour, madame.

Un bonnet de deuil à superbes rubans la coiffait ; elle avait aussi un paletot garni de renard, des caoutchoucs. D'ailleurs, elle ne s'était jamais occupée de la Bretonne, si ce n'est pour venir la sermonner en temps inopportun.

Mais déjà les croque-morts avaient empoigné le cercueil et l'avaient glissé dans le corbillard où il s'était allongé avec un grondement sourd. En un clin d'œil, il fut caché sous l'énorme housse usée, frangée de blanc. Clac ! un coup de fouet cingla le dos de la jument. A droite et à gauche, les ouvriers funèbres réglaient leurs pas sur celui de la bête. Trois parapluies s'étaient ouverts, et les gens de l'enterrement se dirigeaient vers le cimetière de Montmartre.

Ces funérailles étiques, les pieds dans la neige, le front fouetté par des tourbillons blancs qu'une brise désagréable entraînait vers le sol, collaient les boutiquiers aux vitres de leurs magasins. Des passants jugèrent à propos de s'arrêter pour suivre du regard l'infime cortège. Lui, accomplissait son voyage lamentable. Nulle parole ne s'échangeait. A la hauteur de la rue Coustou, la concierge fixa par une épingle, les rubans flottants du bonnet de Mme Brachet. La neige menaçait de les mouiller.

Devant la rue Lepic, la vieille demanda :

— Mais qui donc a payé un terrain à Francine ?

— C'est M. Richard, lui fut-il répondu.

Elle se retourna pour considérer le peintre, qui marchait silencieusement abrité.

Le boulevard de Clichy était méconnaissable. Les jeunes arbres de son refuge striaient de lignes sombres le ciel dont l'écoulement s'accentuait. Les fenêtres des maisons ressemblaient à des yeux d'aveugles. On distinguait à peine la coloration violente des affiches sur les murs grossièrement poudrés. A quelques mètres du corbillard, une paire d'apprentis en goguette traînaient un camion où quelques barres de fer se bousculaient avec un fracas tempêtueux de féerie. Pas un chien n'aboyait.

Tout à coup, au moment où l'on abandonnait le boulevard pour enfiler l'avenue du cimetière du Nord, le voile de neige s'éclaircit, les flocons cessèrent de se poursuivre, et l'entrée du cimetière apparut, dans une vibration de jour clair, à peine taché par des houppes fragiles, au bout d'un tapis immaculé, entre des boutiques encombrées de plantes vertes, d'immortelles durement multicolores, de tombes qui attendaient. Une cloche tinta deux fois, prévenant les fossoyeurs.

— Sapristi ! murmura l'ami de Joseph Richard, ça manque de gaieté.

— Tu l'as dit, répliqua le peintre.

On franchissait le seuil du cimetière, quand un gardien en uniforme bleu, le coupe-chou pendu à un baudrier, s'approcha du cortège. La concierge prévint sa question.

— Francine Cloarec, répéta le fonctionnaire à deux ouvriers dont la mine était prodigieusement stupide.

Ceux-ci, les fossoyeurs, allèrent prendre la tête du corbillard afin de le diriger vers la fosse de la Bretonne. La marche en avant recommença, plus lente encore.

On passa le long d'un calvaire en granit ; on entra dans une avenue où des sycomores entrelaçaient leurs branches chargées de neige. Au-dessus de la voiture mortuaire, le chapeau du cocher avait des oscillations comiques. Et le cimetière, à certains endroits, paraissait immense, s'allongeait démesurément, tortueux, plein d'arbustes vivaces dont plusieurs avaient l'air accroupi, donnant l'illusion d'une ville peuplée de bizarres et minuscules palais à demi enfouis sous une avalanche. Capricieusement, il s'éclaircissait; une ligne de sureaux, d'acacias, d'épines dépouillés, hachait le ciel sur un monticule, semblait une envolée de quelque chose, puis les horizons se remettaient à mourir, un aplanissement de terrain amoindrissait tout, et la sinistre architecture des croix et des tombes envahissait de nouveau les deux côtés de l'avenue, dans une sorte d'éblouissement crayeux. Une incompréhensible excitation, malgré la froidure, attaquait les nerfs, s'exhalait de la placidité même du paysage. D'arbre en arbre, des roitelets s'amusaient à suivre l'enterrement.

Mais, depuis cinq minutes, une conversation s'était engagée entre le peintre Richard et son ami. Peu à peu, le corbillard les avaient distancés, et maintenant ils gesticulaient à qui mieux mieux; la conversation avait dégénéré en dispute.

— Alors, tout ce que nous voyons là n'est pas épatant? disait le gros pansu.

— Peuh ! faisait Richard, tu m'affliges.

— Bon, je suis sûr que tu préfères ton infecte forêt de Fontainebleau ?... n'est-ce pas ?

— Mon infecte forêt !... mon infecte forêt !... reprenait l'autre en haussant les épaules.

— Ton ignoble forêt, si tu le préfères... Ah ! tu sais, voilà trop longtemps qu'on nous bassine avec cette forêt-là... D'abord, je te défie de m'y trouver un seul arbre vrai; on les rend pittoresques aussitôt qu'ils commencent à pousser. On y a mis des rochers en carton-pâte.

— Tout ça, c'est des paradoxes, répliqua vertement

le peintre; il y a des gens qui soutiennent aussi que la neige n'est pas blanche partout.

— Non, elle n'est pas blanche partout... Tiens ! arrive, je vais te montrer quelque chose que tu n'as jamais vu, toi qui demeures à trois pas d'ici. Arrive.

Ils dépassèrent une route qu'un égouttement continu emplissait d'une même note, tournèrent à leur droite, gravirent une légère côte, et bientôt s'arrêtèrent sur un plateau où des tiges d'orties desséchées hérissaient la neige autour d'eux. Là, ils reçurent une commotion.

Une vaste étendue de cimetière abandonné resplendissait sous un jour de pénombre, était claquemurée. L'atmosphère implacable avait l'air de vouloir s'éterniser ainsi. De la neige, toujours de la neige. Les arbres en étaient tristes. On en apercevait sur la crête des moindres aspérités, sur les ifs et les fusains épars. Entre deux talus où elle s'allongeait moins accidentée, des traces de pieds rompaient sa monotonie, fuyaient en tournoyant comme un vol de pigeons dans un ciel cotonneux, et cela ne se perdait qu'à une espèce de bois sacré où des tombes écroulées les unes sur les autres, bousculées par le temps, éventrées par les hivers, dans un enchevêtrement de croix et de palissades brisées, d'arbres, de plantes, de buissons morts faisaient rêver à on ne sait quelle vengeance canaille autrefois assouvie.

Le souvenir de Francine Cloarec s'éloignait du peintre et de son ami ; ils ne pensaient plus au corbillard. Un saisissement vague, une inquiétude tranquille les agitaient seuls, les gênaient un peu ; ils auraient été incapables de l'appliquer à quoi que ce fût, mais elle existait. Joseph Richard prit la parole :

— Nom de nom, ça vous a tout de même un sacré caractère.

— Parbleu ! fit le gros pansu.

Puis il ajouta :

— Tu commences à comprendre. Eh bien ?

— Je reviendrai.

— Ah ! ah ! Vois-tu le pétard, au Salon, sur une grande toile ? Il faut peindre çà sans rien sacrifier à la convention, parce que si tu veux retrancher ou ajouter quelque chose, ce ne sera plus le cimetière Montmartre. Le public doit pouvoir comparer. Qu'est-ce que tu dis de ce fond de maisons inégales, de gigantesques cheminées d'usines, de hangars ?... Et de la trouée, à gauche, sur une houle de toits ? Doit-il faire assez froid là-dessus, hein ? Sacristi !... Quand tu auras fourré dans ton tableau la butte, ce tas de bâtiments que nous voyons, un hospice sans doute, le moulin de la Galette avec ses cinq ou six drapeaux qui ne valent pas la corde pour les pendre, tu pourras te vanter d'avoir eu sous les yeux un fameux coin de nature... Tiens ! en ce moment aperçois-tu des tons roses, là-bas, sur la neige, des finesses bleutées, des jaunes exquis, et toutes sortes de phénomènes d'irisation parmi les ombres pâles ? Le sentiment de ça, c'est la solitude ; donc, pas de personnages idiots. Et tâche d'avoir de l'intelligence pour ne point ressembler à la plupart de tes confrères...

Ils promenèrent encore pendant quelques minutes leur contemplation sur les splendeurs du paysage d'hiver, mais une lassitude avachissante les envahissait, et leurs yeux devenaient troubles.

— Oh ! fit tout à coup le peintre, l'enterrement !... nous oublions l'enterrement.

— C'est vrai.

Sans plus tarder ils regagnèrent d'un pas accéléré l'avenue que, précédemment, ils avaient quittée. Personne n'était là pour leur indiquer le chemin à prendre. Ils se sentirent très embarrassés. L'idée de suivre les traces du convoi sur la neige ne leur vint pas ; et ils se regardaient, la face ahurie, ne sachant à quel saint se vouer. Un corbillard qui se dirigeait vers eux ne tarda point à les rejoindre. C'était celui de Francine, mais la Bretonne n'y était plus.

— Cocher, où est la fosse ? demandèrent-ils.

Celui-ci, son grand fouet à la main, se tourna sur le siège de la voiture pour leur crier :

— Toujours tout droit.

A cent mètres plus loin, ils croisèrent les croque-morts, dont le retour s'effectuait avec une satisfaction visible.

— Où est la fosse ? répétèrent le peintre et son ami.

Les quatre hommes répondirent :

— Un peu plus loin... sur la droite.

En effet, un peu plus loin, sur la droite, la concierge barrait le sentier.

—Ah, çà, monsieur Richard, d'où venez-vous? cria-t-elle.

Le gros pansu soufflait bruyamment. Il salua la vieille Mme Brachet, dont le nez se terminait par une goutte brillante.

Or, tandis qu'un des fossoyeurs jetait sur le cercueil la première pelletée de terre, quelques flocons se remirent à danser. Ils voltigeaient d'abord dans le ciel gris, puis glissaient vers la neige du sol. Les pelletées commencèrent à se succéder avec des chocs roulants. Chacun restait cloué à sa place.

— Eh bien ! fit brusquement la concierge en ouvrant son vaste parapluie, qu'est-ce que nous faisons ici plantés comme des pieux?... Allez, nous ne la ressusciterons pas !

Puis, l'âme heureuse, elle ajouta :

— Dites donc, madame Brachet, ce n'est point tout le monde qui serait sorti par une fichue neige comme çà !

La vieille dame ébaucha un sourire angélique. Et on s'en alla.

Ainsi eurent lieu les funérailles de Francine Cloarec.

LÉON HENNIQUE

LIBRAIRIE NOUVELLE. — Bruxelles, 2, Boulevard Anspach, 2.
LIBRAIRIE UNIVERSELLE. — Paris, 41, rue de Seine, 41.
DIRECTION : Bruxelles, 62, rue du Marteau, 62.

GEORGES EEKHOUD

—

KERMESSES
— LE PÈLERINAGE DE DIEGHEM —

—

BIBLIOGRAPHIE

—

Georges EEKHOUD, né à Anvers, le 27 mai 1854.

—

Myrtes et Cyprès (poésies). — Jouaust (librairie des bibliophiles). — Paris, 1877. . . . . . . 3 fr. 50.

—

Zigzags poétiques (Tanchelin, Nina, la Mare aux Sangsues). — Poésies. — Chez le même, 1878. 3 fr. 00.

—

Les Pittoresques (La Guigne, Raymonne, une Vierge folle, sonnets) ornées de cinq eaux fortes par H. Houben. — Chez le même éditeur, tirage sur papier de Hollande, 1879 . . . . 5 fr. 00.

—

Henri Conscience. — Office de Publicité, 1881.

o fr. 60.

—

ROMANS & NOUVELLES

— MŒURS FLAMANDES —

I. *Kermesses*. — Kistemaeckers, Bruxelles. — Volume illustré de dessins et d'une couverture à l'aquarelle par Frans Van Kuyk, 1884 . . . . . 5 fr. 00.

II. *Kees Doorik*. — Kistemaeckers, Bruxelles. — 2 volumes, édition bijou, 1886 . . . . . . 3 fr. 00.

III. *Les Milices de Saint-François*. — Vᵉ Monnon, Bruxelles, 1886 . . . . 5 fr. 00.

IV. *Nouvelles Kermesses*. — Vᵉ Monnon, Bruxelles, 1887 . . . . 7 fr. 50.

—

Pour paraître prochainement :

La Nouvelle Carthage (roman).

La Duchesse de Malfi, tragédie en 5 actes, traduite de l'anglais de John Webster, (Renaissance Anglaise).

KERMESSES

LE PÈLERINAGE DE DIEGHEM

Deux souvenirs m'attiraient à Dieghem : le *Pèlerinage*, de Charles Degroux, qui figurait à je ne sais plus quelle exposition, et le clocheton bizarre de l'église Saint-Corneille entrevu un jour par la portière du train de Louvain. Je voulais assister à la scène sombre et poignante décrite par le peintre des infortunes et contempler de plus près la curiosité architecturale.

Arriva, avec les Pâques, l'occasion attendue. Le lundi a lieu le grand pèlerinage. Je partis au lever du soleil et traversai Schaerbeek, par la longue chaussée de Haecht, pour déboucher, à la hauteur d'Evere, en rase campagne.

La kermesse de Dieghem étend ses ramifications non seulement à Schaerbeek, mais jusque dans les quartiers populeux de la ville, où des pancartes annoncent aux vitres des salles de danses, les bals donnés à cette occasion. Des omnibus improvisés, vulgaires charrettes sur lesquelles quelques planches ont été clouées à la hâte, emportent ou ramènent pour la somme modique de cinquante centimes, les pèlerins et les curieux. C'est, ce jour-là, une ébullition, une fièvre qui chasse les pauvres gens de leurs taudis et les pousse vers la campagne. Les croyants mettent la procession en branle, les badauds et les habitués des kermesses suivent. Mais la grande masse de ces derniers ne dépassera pas les confins excentriques du faubourg et se contentera des délices de la foire établie près de la nouvelle église. C'est même sur ce point que régnera vers le soir la gaîté la plus turbulente, que les danses seront le plus sauvages et les libations le plus copieuses. Là se rencontreront ceux qui n'ont pas été jusqu'à Dieghem et ceux qui en reviennent.

Mais, le matin, sur la route l'animation n'a pas encore ce caractère de bacchanal. Des bandes de pèlerins, hommes et femmes, convaincus, soulèvent sous leurs pieds lourds, parfois déchaux, la poussière de la route. C'est à peine si quelque altéré quitte son groupe devant un cabaret, vide goulument la chope brune, et rattrape en courant les camarades. On remarque des mères du peuple portant dans le giron leurs petits dont la tête pâle et bouffie oscille, inerte, aux pas houleux des rudes porteuses. L'homme tient à la main un enfant plus âgé qui se fait traîner *non passibus æquis*, et, trébuchant à chaque moment, distrait par le paysage ensoleillé, nouveau pour lui, s'attire des rebuffades paternelles.

Ce lundi de Pâques, un joyeux soleil dispersait les brumes blondes estompant encore les côteaux lointains que l'on voit à gauche de la route vers Laeken et Koekelberg. L'air était vif et piquant. Le chemin manque d'accidents. Poudreux et nu, bordé de distance en distance par quelques plants de hêtres, malingres nourrissons qui auraient bien besoin, eux aussi, de l'intervention de Saint-Corneille, c'est comme la voie qu'il faut à ce pèlerinage de déshérités. Aux bifurcations, de petites chapelles crayeuses, grillées, sollicitent l'aumône des passants. En revanche, les autres « chapelles » sont rares depuis Schaerbeek. Les habitations se comptent aussitôt qu'on a dépassé les dernières maisons du faubourg. Aussi, d'ingénieux débitants ont-ils établi des buvettes ambulantes sur les accotements et les flacons de liqueurs flambent au soleil comme des topazes ou des émeraudes et amorcent les gosiers irrités par la poussière. D'autres aigrefins, appartenant à la classe vague des bonneteurs, attirent les faibles par la tentation du lucre dans un jeu de grec, furet ou lansquenet, et font passer dans leur escarcelle pis que profane l'offrande destinée au saint pape Corneille en faveur de l'enfant convulsionnaire. Il est amusant de voir l'air inquiet et en dessous de ces escrocs de grand'route. Ils tiennent un œil ouvert sur le jeu, et de l'autre, biglant affreusement, ils scrutent la physionomie de la route, tout là-bas, du côté de la ville, afin de pouvoir détaler lorsque les bonnets à poils apparaîtront.

D'autres truands étalant des plaies repoussantes, des infirmités voulues, des guenilles, des misères de maladrerie à l'apprêt desquelles les drôles apportent autant de soin qu'une coquette à son maquillage, s'échelonnent comme des bornes kilométriques et font appel à la pitié révoltée des bonnes âmes.

Par moments, la route s'encaisse entre des talus escarpés et sablonneux d'où prennent plaisir à se rouler, du sommet sur le pavé, des voyous hâves et terreux, démonstratifs dans leur joie de chien lâché. Plus loin, c'est jusqu'au fond vertigineux d'une carrière de ces pierres blanches importées par la Hollande pour la construction des digues, que dégringolent ces loustics féroces, tandis que sur les remblais s'esclaffent leurs compagnons, les mains en poche, la casquette ou *mousch* dégageant au-dessus de l'oreille une houppe de cheveux hirsute comme une brosse de poils de porc. Et les passants, graves et contrits, s'arrêtent un instant et envisagent avec stupeur ces agités en se demandant si ce ne sont pas là des impies tombant miraculeusement du haut mal que saint Corneille guérit chez les fervents.

Pour descendre au village, après avoir traversé le

viaduc du chemin de fer, on s'engage dans une dernière gorge, que surplombent cette fois, de chaque côté, des hêtres feuillus, d'une taille respectable. Cette entrée ombragée et verdoyante apporte un correctif désiré au Sahara traversé jusque-là. Un peu auparavant, la tour originale, blanche, avec son cône brisé aux étages par quatre galeries ouvrées qui lui donnent un air de faîte de pagode, unique parmi les types de notre architecture religieuse, émerge au-dessus des côteaux masquant le village.

Dès l'entrée dans Dieghem, on se butte à la foire. Sur la chaussée, s'entassent les baraques blanches de fritures ; les magasins de jouets et de pains d'épices ; les brouettes-établis des marchandes de plies dites *schols* ; les tourniquets, les « rigolades », les tirs à la carabine Flobert — depuis les établissements aristocratiques tapissés comme un salon de dentiste, chamarrés comme une fierté, où l'on dégote des pipes de terre, jusqu'à la carabine unique avec laquelle on éteint la chandelle de suif piquée dans une guérite, — puis les loges cabalistiques où un épouvantail, un « remède à tout amour » vous montre « la jeune fille qui vous aimera » ; les salons de grosses femmes qui se présentent, à l'intérieur, comme étant la « jeune personne âgée de seize ans annoncée à la porte » ; et encore les tréteaux du charlatan, la voiture du dentiste, le cirque des chiens savants, le théâtre des « Spectacles de Saint-Pétersbourg », où expire trois fois par jour dans les feux de bengale, le tzar de toutes les Russies, et enfin les chevaux de bois, élément obligé des divertissements de place publique.

Cependant, dans la rue conduisant, à droite de la grand'route, vers l'église, la foire se présente sous un aspect plus original, plus campagnard.

Un marchand de complaintes, efflanqué comme un Callot, accompagne, « trémolinant » sur un violon criard, le chant d'une fille de vingt ans au teint séreux, aux chairs soufflées, à la voix traînarde et enrouée. Le couple du ménétrier et de la cantatrice se détachent sur un paravent illustré, dans le goût des coloristes d'Épinal, des principaux sujets des mélopées que vend, entre deux couplets, le famélique instrumentiste. Au pied des tréteaux, s'amassent, la bouche ouverte, le nez en l'air, les paysans se rendant à l'église. Non loin de là, commercent d'autres marchands de chansons ; leur marchandise, imprimée sur papier à chandelle, est suspendue comme du linge à sécher à des cordes longeant le mur ; et des dilettanti en sabots, de ceux qu'on invite à chanter à la veillée et aux repas de noces, passent en revue les primeurs étalées dont ils épèlent les titres. A côté de cette littérature profane, se débitent les prières de circonstance adressées au patron du lieu ; les chapelets, les médailles de dévotion, les scapulaires. Pour la modique somme de cinq centimes, on peut notamment entrer en possession de la véritable oraison de Charles-Quint ; les litanies de saint Corneille, pape et martyr, ne coûtent pas davantage.

Depuis mon séjour, le village s'est insensiblement peuplé. La foule débouche non seulement par la route de Bruxelles, mais les pèlerins arrivent des contrées de Vilvorde, de Malines, de Louvain, voire du pays d'Anvers.

La cloche appelle les fidèles à la grand'messe de dix heures. Ils descendent des quatre côtés du pays, par les chemins de desserte et les sentes. Les blouses bleues, empesées et lustrées, redressant les dos bombés, les mouchoirs de cotonnade fixés sur la tête des paysannes par une touffe de fleurs vives, et tombant dans le cou et sur l'épaule avec des plis de mantille madrilène, animent les vallonnements des champs. La file serrée et hâtive serpente entre les seigles poussant leurs premiers jets, à côté du rivelet ombragé de saules, le long des courtils et des vergers où les poiriers se sont poudrés de leur neige odorante. Et dans le village, ces groupes de l'agreste terroir se confondent avec les hordes urbaines, braillant, vociférant, apportant dans la localité paisible les allures canailles, les bousculades tapageuses des impasses et des ruelles des quartiers pauvres. Cette houle humaine converge vers l'église déjà remplie dès l'aube par les pèlerins.

L'affluence repoussée de l'intérieur du sanctuaire déborde d'abord dans le cimetière s'étendant en terrasse à l'entour, puis sur les degrés qui y conduisent, puis sur le parvis où le ressac des allants se rencontre avec le remous des venants. Sur la foire, les marchands s'épou-

monnent, les cloches, les crécelles, les tambours tem-
pêtent à la fois. C'est le moment du coup de feu pour la
vente ; maintenant et plus tard encore, à la sortie de la
messe.

Les murs du cimetière sont noirs de dos de pèlerins,
assis en rangs serrés, se reposant des fatigues d'une
longue traite pédestre. Le champ de repos a l'aspect
d'un campement, d'un bivouac. Les morts sont oubliés.
On s'étend, on mange même sur les tertres des tombes
gazonnées. Pendant ce temps, une procession interminable fait le tour de l'église au dehors, marmottant des
prières, égrenant des chapelets, s'avançant impassible
en traçant comme un long sillage dans la cohue des
curieux. Ils n'écoutent pas le tumulte qui monte de la
mêlée turbulente ; ils sont sourds aux chansons et aux
propos des falots ; c'est à peine si leurs yeux regardent
ces impies qu'ils coudoient et s'ils répondent par un
froncement de sourcil aux gravelures des sceptiques.

Le monde n'existe plus pour eux. Ils ne songent qu'à
remplir scrupuleusement le vœu d'où dépend la guérison
d'un être aimé ; la vie de l'enfant qu'ils continuent à
serrer contre leur poitrine ou à traîner par la main,
comme tout à l'heure sur la route. Ils s'agenouillent
devant les diverses stations de piété, les calvaires,
figurés de distance en distance, et s'absorbent dans
leurs génuflexions, rigides, agitant seulement les lèvres
et les doigts, au risque d'être piétinés et écrasés par la
fourmilière humaine toujours plus compacte.

Seuls, des marchands de cierges ou des mendiants, plus hideux encore que ceux de la grand'route, adossés au pied des contreforts du temple, geignant à présent dans un *tutti* discordant, parviennent à tirer ces pèlerins de leur extase religieuse. Aux uns ils achètent le luminaire votif, aux autres ils accordent l'aumône en échange d'une prière, d'une de ces intercessions de gueux, agréables au Ciel.

Par intervalles, en passant devant les portes de l'église, larges ouvertes, et lorsque le tapage de la kermesse décroît momentanément, on entend les mugissements solennels de l'orgue, les voix des prêtres psalmodiant et des bouffées d'encens mêlent leur essence mystique aux gros parfums de la foire.

A l'intérieur du temple, sous le resplendissement des cierges, dans ce jour d'arc-en-ciel que prêtent aux rayons blancs et crus les facettes des verrières, tandis qu'une partie des fidèles reste opiniâtrement agenouillée ou prosternée devant les pieuses images, ceux qui entrent continuent et terminent la procession commencée au dehors. A la chapelle de droite, dont le retable est décoré d'un tableau de Crayer représentant le patron du sanctuaire, un prêtre bénit le défilé des passants. En face, un fabricien tient les comptes de la trésorerie et inscrit les amateurs dans la confrérie de Saint-Corneille contre le versement annuel d'un denier dérisoire. Seulement ce denier, multiplié des milliers de fois, assure à la fabrique un revenu de millionnaire. Au même comptoir se vendent des cierges, des prières, et cette petite bannière en papier triangulaire, commune par la forme à tous les pèlerinages célèbres, mais différant par le texte et le dessin. Ici, elle représente le pape martyr, invoqué par les malheureux. Sous cette composition naïve sont célébrés en français et en flamand les mérites du céleste guérisseur. Il faut voir comme cette pieuse boutique est achalandée le lundi de Pâques ; comme les humbles s'empressent de se faire inscrire dans les registres de la confrérie ; comme la monnaie de cuivre et d'argent est ramenée vers la caisse par des doigts aussi vigilants que le rateau d'un croupier.

Plus loin, au bas du chœur, devant le banc de communion, un second prêtre donne à baiser une relique de saint Corneille renfermée dans une sorte de corne incrustée d'argent. La procession ne discontinue pas. Abîmées dans leur prostration extatique les vieilles femmes ne détachent pas les yeux de l'autel et les pas des étrangers, le bruit métallique des pièces battant le plateau ou s'engouffrant dans les troncs, les quintes de toux, les pleurs des petits convulsionnaires dont les faces rouges et poupardes alarment les pauvres mères, tout ce tumulte solennel et triste ne parvient pas à troubler les dévotes endurcies et momifiées. Parfois le clairon anormal d'un coq résonne sous la voûte même de l'église. Ce cocorico part d'un coin où l'on entasse les volailles vivantes, et jusqu'à des lapins et des chevreaux, que les pèlerins apportent en offrande à saint

Corneille. Mais le coq est l'animal favori du saint, à en juger par le nombre de ces « Mormons de la basse-cour » déposés dans l'église. A telle enseigne, qu'on croirait saint Corneille l'héritier d'Esculape a qui, on se le rappelle, Socrate refusa de sacrifier l'oiseau consacré.

Bientôt après j'assistais à l'épilogue de la partie religieuse de la fête : la vente à la criée des animaux offerts. Cette vente commence dans le cimetière au dernier coup de onze heures, après la grand'messe. Tandis qu'un des marguilliers ou des trésoriers de l'exploitation brandit, en la tenant par les pattes, la bestiole ahurie au-dessus de l'océan des têtes, un autre bedeau fonctionne comme commissaire-priseur et glapit la mise à prix et les enchères; un troisième sacristain caresse sensuellement le sac de toile où tombe la manne copieuse. Sur les murs blancs de l'église, les têtes caractéristiques des vendeurs et des plus empressés des amateurs qui les entourent se détachent avec une intensité étonnante. Cette scène étrange frappe comme une évocation de mœurs disparues, de personnages d'un autre siècle.

Cette vente ne rapporte pas moins que, celle des petits drapeaux et que les inscriptions dans la confrérie. Souvent un paysan, pieux mais avare, conciliant sa dévotion et sa ladrerie, attend l'heure de la criée pour acheter à vil prix un coq de rebut ; puis, en possession de son offrande, il la dépose dans l'église d'où les fabriciens la retirent pour la vendre une seconde fois et

toucher ainsi derechef, la valeur de la bête. Il n'y a
même pas de raison pour que ce manège productif
s'arrête à la seconde reprise. C'est simple et excellent
comme les vraies manifestations du génie.

Après l'adjudication du dernier *ex-voto* de basse-
cour, les marchands se retirent pour compter la recette ;
les portes de l'église se ferment jusqu'aux vêpres et la
cohue, tiraillée auparavant entre la partie religieuse et
le programme profane de la fête, se livre maintenant
sans partage aux distractions foraines.

L'heure de midi a provoqué une reprise dans les
affaires des marchands de pain d'épices, de galettes, de
« russes » et de saucissons de cheval. Les *schols* tra-
vaillés par les ardeurs printanières répandent leurs
relents les plus irrésistibles et les amateurs s'en payent
de véritables tranches de kermesse. Des fanfares rurales
inaugurent leur « tournée » dans les bons estaminets de
l'endroit. Aux « Variétés », dans la salle du bal à l'étage,
les citadins s'imposent après la longue marche au soleil,
des chassés et des déchassés homœopathiques.

La ville continue de vomir dans Dieghem des tapées
de curieux qui à pied, qui en voiture, qui en chemin de
fer ; mais les villages cessent d'envoyer des renforts à la
cohue, ils retirent plutôt leur appoint du matin. Dans
Dieghem même, les bonnes gens se claquemurent,
célèbrent la kermesse en famille par de plantureuses
ripailles, et se gobergent, les pieds sous la table, des
badauds ou des pieds-poudreux de la ville qui, venus

dans l'intention de s'amuser, ne se nourrissent, après avoir avalé force poussière, que de charcuteries douteuses et de poissons pouacres, ne se désaltèrent qu'avec des rinçures de verres et font sauter des ribaudes couperosées ou anémiques qu'ils prennent, l'ivresse aidant, pour les roses et les lis villageois.

Puis ils sommeilleront en gens avisés, les bons pitauds, pour se réveiller vers le soir, quand la racaille citadine aura vidé la place et terminé cette soi-disant partie champêtre, abrutis et recrus dans les musicos de banlieue, aux sons lamentables des orgues.

Lorsque ce refrain d'avril, modulé sur un rhythme de pas redoublé, se sera perdu dans l'éloignement après les chanteurs enroués :

> Par les sentiers rem-plis-d'i-vrè-esse,
> Fuyons tous deux à pe-tits pa-as.
> Je veux offrir à ma maîtrè-esse,
> Le premier bouquet-de-li-las...

Alors seulement ils valseront, à leur tour, les gars défiants, avec leurs jolies accordées, sous l'œil attendri des vieux, fumant la pipe et buvant d'authentique bière. Et tous, réjouis de vivre ces jours de kermesse, béniront intérieurement saint Corneille leur patron.

GEORGES EEKHOUD.

TABLE

—

KERMESSES

———

Librairie Nouvelle. — Bruxelles, 2, Boulevard Anspach, 2
Librairie Universelle. — Paris, 41, rue de Seine, 41
Direction : Bruxelles, 62, rue du Marteau, 62.

TROISIÈME ÉDITION

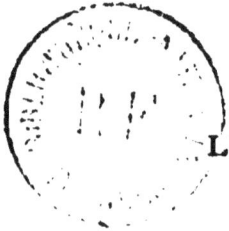

LÉON CLADEL

—

LES VA-NU-PIEDS

— ACHILLE ET PATROCLE —

—

BIBLIOGRAPHIE

—

LÉON CLADEL, né à Montauban (Tarn et Garonne), le 13 mars 1835.

—

Les Martyrs ridicules. 1860 . . . . Poulet-Malassis. 1862.
    Kistemaeckers. 1882.
    Edinger. 1886.

Pierre Patient. 1861 . . . . Henry Oriol. 1883.
    Edinger 1887.

L'Amour romantique. 1862 . . . . Rouveyre et Blond. 1881.
Le Deuxième Mystère de l'Incarna-
tion 1863 . . . . Rouveyre et Blond. 1882.
Le Bouscassié. 1865 . . . . A. Lemerre. 1869-1880.
La Fête votive de Saint-Bartholomée
Porte-Glaive. 1866. . . . . . A. Lemerre. 1871-1881.
Les Va-nu-Pieds. 1867-1872 . . . A. Lemerre. 1873.
    Richard Lesclide. 1877.
    G. Charpentier. 1886.
    Edinger. 1887.
    A. Lemerre. 1882.

Ompdrailles, le Tombeau des Lutteurs. 1868. Cinqualbie. 1879.
    A. Lemerre. 1882.

Bonshommes. 1879. . . . . G. Charpentier. 1881.
Titi-Foissac IV dit la République et
la Chrétienneté. 1876 . . . . . A. Lemerre. 1887.
L'Homme de la Croix-aux-Bœufs.1868. E. Dentu. 1878.
Six morceaux de littérature. 1864 . Kistemaeckers. 1880.
Crête-Rouge 1870-71. . . . . . . A. Lemerre. 1879.
Par-devant Notaire. 1880 . . . . Kistemaeckers. 1880.
N'a-Qu'un-Œil. 1881. . . . . . . M. Lachatre. 1882.
    G. Charpentier. 1884.
    Edinger. 1886.
    A. Lemerre. 1888.

Urbains et Ruraux. 1881 . . . . P. Ollendorff. 1882.
Quelques Sires. 1882. . . . . . . P. Ollendorff. 1883.
Héros et Pantins. 1884 . . . . . . E. Dentu. 1885.
Kerkadec Garde-Barrière. 1881 . . Delille et Vigneron. 1884.
Petits Cahiers de Léon Cladel. 1875-80. Kistemaeckers. 1880.
    de Brunhoff. 1885.
Léon Cladel et sa Kyrielle de Chiens. 1883. Frinzine. 1884.
Mi-Diable. 1884 . . . . Monnier et Brunhoff. 1886.
Gueux de marque. 1869-1884 . . . Alphonse Piaget. 1887.

—

SOUS PRESSE :

Inri-Raca. —
Effigies d'inconnus. —

—

A L'ÉTUDE :

L'Ancien. —
Paris en travail. —

LES VA-NU-PIEDS

ACHILLE & PATROCLE

Fibreux et sec, ce sauvageon de souche gallique, en l'an IV
de la République et vers la fin de germinal, quitta la robe
prétexte, tout comme un jeune patricien de la Rome latine.
Il ne savait rien, si ce n'est qu'on se battait aux frontières.
S'il était instruit de cela, c'est parce que plusieurs fois il avait
ouï lire les gazettes à La Française. Il ne possédait au monde
qu'une cabane faite de terre et de joncs que son père, qu'il
n'avait point connu, avait construite, et où sa mère, infirme,
après avoir agonisé pendant dix ans et plus, brusquement
expira. La pauvre chrétienne morte, il ferma sa hutte, en
prit la clef, et se rendit un beau matin, à Montauban. Aux
portes de la ville, il rencontra un garde urbain; il lui dit
qu'il souhaitait d'être soldat. Le citadin le conduisit à l'Hôtel-
de-Ville. On demanda au gars ses noms et prénoms; il répondit d'abord : *Janoutet*; ensuite : Jean Gasq. Questionné sur le
lieu de sa naissance et sur son âge, moitié en français, moitié
en gascon, il raconta qu'il avait récemment entendu dire par
sa *mamo* (mère) qu'il s'en fallait de deux récoltes qu'il eût
un vingt; puis il ajouta qu'il ne pouvait pas certifier s'il était
né à la Française ou *prochement*. On l'enrôla. Deux mois
après son enrôlement, le blanc-bec arrivait en Italie. Il chargea
les vestes blanches au pond de Lodi, à Arcole, à Rivoli. L'an
VI, il fit la campagne d'Égypte; il avait un alphabet dans son
sac. Aux Pyramides, grenadier de la 22e demi-brigade, il lisait
presque couramment et maniait le mousquet comme un
homme. Inébranlable au feu, pendant la bataille, il syllabait
en mordant la cartouche. Un jour, au beau milieu de la
mêlée, un vétéran qui n'avait pas froid aux yeux lui cria :
« Sacré-Dieu ! conscrit, à quoi rêves-tu ? »
   Voici :

Pendant que sur les carrés républicains se ruaient Mourad-Bey et ses mamelucks, centaures flamboyants qui venaient s'éteindre sous la baïonnette, ce badaud, la cuisse trouée d'une balle, le crâne balafré par les cimeterres, aveuglé de sang, déchiré, ébloui, mais toujours debout, ce novice pensait que c'était bien beau de cavalcader et de galoper à travers les fusils et les canons, les éperons enfoncés dans le ventre de sa monture, la bride aux dents, le pistolet d'une main, le bancal de l'autre. Il rêvait à cela. Le lendemain de la bataille, la tête enveloppée d'un mouchoir, assis sous un palmier, il dégoisait à tue-tête une romance méridionale. Chevauchant par là, certain général natif de l'Auvergne apprécia le troubatour et s'approcha de lui.

— Que gazouilles-tu là, rossignol ? dit-il avec bonté.

— Je chante la *Pastourelleto de la Coumbo Prioudo* (la petite bergère du Val-Profond).

— D'où es-tu, du Languedoc ou de la Gascogne ?

— Je suis de là près, en Quercy.

— Bien !... Je te fais caporal !

— J'aimerais mieux être brigadier...

— Ah ! ah ! Tu voudrais passer dans la cavalerie ?

Le jeune ambitieux sourit et répliqua franchement :

— Oh ! oui, je serais bien aise de me battre à cheval, avec une lame.

Il fut contenté : si brave, le *Sultan juste* était si bon !

A quelque temps de là, sur la rive gauche du Fontanone, on se mesura derechef avec les Autrichiens de Mélas. Son adversaire, le généralissime de France, alors collègue de Lebrun et de Cambacérès, avait perdu la bataille ; Desaix arrêta la déroute ; Kellermann, pour forcer la victoire, commanda à ses dragons d'ôter la bride aux chevaux et de se laisser tomber sur l'ennemi. ventre à terre. Le sabre de Quercynois fit à Marengo ce qu'avait fait sa baïonnette aux Pyramides. En Égypte, le fantassin avait eu du sang jusqu'à la cheville, le cava-

lier en eut jusqu'au coude en Italie. Dans la bagarre, il déga-
gea un maréchal-des-logis, qu'on appelait le grand Bonaventure.

Réputé pour ses capacités autant que pour ses vertus, ce
preux des nouveaux âges, âpre comme Du Guesclin et sage
comme Bayard, était le fils d'un faïencier montalbanais ; les
ardeurs calvinistes roulaient dans ses veines avec son sang.
Un de ses aïeux, Macchabée Lavergne, avait été l'ami et le
bras droit du consul Jacques Dupuy, devant qui recula Louis
XIII sous Montauriol, en 1621. Élevé par un vieux ministre
de la religion, qui fut pasteur au *désert*, après la mort de
François Rochette, pendu à Toulouse, le fier adolescent avait
beaucoup lu et quelque peu étudié Montesquieu, Pascal, Vol-
taire, d'Holbach, Diderot, Descartes, Jean-Jacques, les insur-
gés et les rénovateurs. Tout huguenot contient et couve un
républicain. Quand la République fut proclamée, le petit-
neveu des martyrs protestants comprit la grandeur du cata-
clysme ; aussitôt, toute sa jeunesse bouillonna. Sachant
pourquoi la patrie était en danger, il prit les armes ; la grande
devise révolutionnaire fut la sienne : «La Liberté ou la Mort !»
Volontaire à l'armée de l'Ouest, il traqua les chouans sans
merci. Tous les météores de la République : Hoche, Marceau,
Kléber, lui passèrent sous les yeux ; il vit poindre Bonaparte,
le mesura d'un coup d'œil et pressentit Napoléon.

Ignorant, sentant qu'il l'était, l'illettré aimait de tout son
cœur, admirait de tout son âme, vénérait et chérissait son
studieux compatriote, qui lui paraissait un génie, un phénix,
un sphinx, un puits de science, un géant haut de cent cou-
dées ; et celui-ci, de son côté, choyait celui-là comme les
forts choient les faibles ; il y avait dans son dévouement on
ne sait quoi de fauve et d'austère qui rappelait l'amour du lion
pour ses petits, et celui du maître pour ses disciples ; il l'intrui-
sait, il l'enseignait, il s'efforçait à le façonner, il le travaillait, il
le soignait, il le corrigeait, il le caressait comme l'artiste
travaille, soigne, corrige, caresse le bloc de marbre qui

devient statue : cet innocent serait son œuvre ! Entre
deux batailles, il lui apprenait ce qu'étaient les rois, ce
qu'étaient les peuples, ce qu'on entend par despotisme,
ce qu'on doit entendre par liberté. Souvent la leçon,
interrompue par l'appel des clairons et des tambours,
était reprise vingt lieues plus loin, dans une ville, en un
hameau, sur le bord d'un fleuve, sur la croupe d'un
mont, au milieu d'un champ de blé, là où l'armée cam-
pait après ses victoires, ivre de poudre, d'enthousiasme
et de triomphes, plus fière chaque jour de promener
par le monde le jeune étendard du peuple souverain.

Unis comme la chair et l'ongle, ces loups de guerre ne
se quittaient point d'un pas. Au feu, sous la tente, pendant la charge ou l'assaut, le jour, la nuit, où était l'un
était l'autre : « Le maréchal-des-logis *La Bonne-Aven-
ture* et le brigadier *Jean Casque* sont mariés », disaient
les soldats. Lorsque le *Tondu* ordonna qu'on rasât l'armée, ils refusèrent de se laisser couper les cadenettes et
la queue. On insista. Non, jamais ! Ils firent la sourde
oreille. Leur colonel, qui les savait braves entre les
braves les traita en enfants gâtés ; ils gardèrent leur chevelure... républicaine. A Austerlitz tous les deux, ils la por-
taient encore. Plus tard blessé à la tempe, le plus âgé dut
couper tresses et catogan ; le cadet les abattit alors parce
que son aîné ne les avait plus.

Le 25 mars 1802 fut signée la paix d'Amiens. Bien
que l'Europe monarchique admit telle quelle la France
« déroyalisée », les troupes furent massées aux frontières ;
le premier consul prévoyait qu'avant peu l'empereur les
lancerait à de nouveaux carnages. Un décret du 23 décembre 1802 prescrivit la création immédiate des trois
premiers régiments de cuirassiers. On fit choix d'hommes largement charpentés. Le Montalbanais qui était
énorme et le Francésain, qui avait cinq pieds neuf pouces, tant il avait grandi depuis l'an IV, furent incorporés

dans cette arme avec leurs grades. De 1802 à 1804, Bona-venture Lavergne profita de la paix ou plutôt de la trève qu'avait consentie l'Europe, pour compléter l'éducation de Jean Gasq ; il fit connaître à son élève tout ce qu'il savait lui-même de Dieu, des êtres et des choses, l'âme naïve de l'un s'ouvrit et s'épandit au souffle inspiré de l'autre. Aux yeux de ces deux frondeurs, le futur monarque ne fut jamais ni prophète, ni dieu, ni diable ; il ne fut point le petit caporal, il ne fut même point l'empereur ; c'était le général, le génie invincible et le propagateur fatal de la Révolution. Avec quelques adeptes, ils formèrent le noyau de cette légion d'ardents et tenaces sans-culottes en qui l'idée révolutionnaire survécut toujours. Républicains, ils servirent l'empire, parce que dans l'empereur ils voyaient la nation impératrice. Cette incarnation de tous dans un seul ne leur semblait pas d'ailleurs éternelle. Ne concevant pas encore comment il s'accomplirait, ils flairaient cependant le divorce à venir. Dans Auguste, ils encensaient Jacques Bonhomme : Jacques Bonhomme, c'est-à-dire le Peuple. Ils en étaient du peuple, eux ! et leur chef, soldat de fortune, en était aussi. Egalitaires indomptables, ils eussent dit à Napoléon : « Citoyen, camarade, frère, Bonaparte, tu ! » Certainement ils auraient tutoyé la couronne, croyant de bonne foi que, s'il y avait une Majesté, chacun d'eux était quelque peu Altesse. Sans cligner l'œil, ils regardèrent tous les éclairs, toutes les foudres, toutes les apothéoses du nouveau messie. Autour de son fameux bicorne ils distinguaient non pas une gloire, mais une gloriole. Pour eux, la redingote grise n'était pas un nimbe, c'était du drap. Loin de penser qu'il chevauchât la Révolution, ils estimaient, au contraire, qu'elle avait condamné son écuyer au mors, et que, bon gré mal gré, elle le faisait tourner tantôt à hue, tantôt à dia. En un mot, ils apercevaient deux êtres divers en ce porte-sceptre ; chacun d'eux, Brutus implacable, eût immolé César : tous, sans rechigner en aucune sorte, escortaient Prométhée ; ils l'auraient accompagné en

Chine, sur les mers inexplorées, jusqu'aux pôles inabordables du globe, ici, là, partout ; ils l'eussent suivi dans l'autre monde, s'il leur avait été prouvé qu'il y eût quelqu'un à détrôner et quelque chose à niveler là-haut. Obscurs coryphées de la splendide épopée révolutionnaire, ils ne considéraient, ils ne voulaient voir qu'une seule chose : la victoire des peuples sur les rois, l'avènement de l'égalité humaine. Sincèrement, lorsque dans la bataille, ils égorgeaient les soldats des czars, ils se jugeaient exterminateurs et conquérants : exterminateurs de l'antique hiérarchie, symbolisée par l'autel et le trône, conquérants des droits de l'homme, personnifiés par leur capitaine, un parvenu. Loyaux et naïfs, ils acceptaient gaiement les barons, les comtes, les anoblis de l'empire ; ils avaient connu celui-ci tambour, celui-là palefrenier, cet autre laboureur, et puis leurs généraux s'appelaient Lannes, Masséna, Suchet, Bernadotte, Sérurier, Ney, comme eux, soldats, se nommaient Durand, Bousquet, Duchêne, Pélissier, Dupont, Lamotte ; ils n'étaient pas jaloux des armoiries, des titres, des plumes, des galons dont guerriers et diplomates pomponnaient leur roture ; ils ne perdaient pas un instant de vue le truand dans le noble. Et comment auraient-ils pu s'imaginer que le duc de Castiglione n'était plus Augereau ? Que le duc de Valmy n'avait jamais été Kellermann ? Que Napoléon ne serait plus Bonaparte ? Enfin, ils savaient trop bien que leur sang était de la même qualité que le sang de S. Exc. le maréchal duc d'Auerstaedt, prince d'Eckmüll, ou de S. M. Joachim I. Bref, s'ils n'avaient pas en de grande considération les blasons, les patentes nobiliaires et les particules de fraîche date, ils n'honoraient pas davantage les tiares, les parchemins, les tortils antédiluviens. Le duc de Guise n'avait point meilleur air, à leur avis, que le duc Fouché. Pas un d'eux, s'appelât-il Pierre *tout au long* ou Jean *tout court*, qui eût troqué son nom contre celiu de Montmorency ou de Rohan. La conscience de leur dignité leur prêtait une attitude solennelle, et ils avaient parfois des rudesses pleines d'orgueil qui venaient de ce qu'ils se figuraient, ces *idéologues !* qu'il n'y a qu'une seule pâte humaine !

En 1807, l'un des deux apôtres en casaque était adjudant et décoré; simple maréchal-des-logis, l'autre disait malicieusement : « On en est au maréchalat, je suis Son Excellence Monseigneur *Janoutet* ».

Le conscrit de l'an IV avait appris quelque chose à l'armée, et cela se conçoit, puisqu'un huguenot, un libre-penseur qui avait pratiqué ces philosophes damnés, Arou et Rousseau, s'était institué son magister. Chose inouïe, le tuteur et le pupille poussaient leur présomption jusqu'à croire qu'un homme en vaut un autre, celui-ci portât-il la pourpre et celui-là le sayon. Intrépides, ce qu'ils estimaient être le vrai, ils le proclamaient; la parole chez eux affirmait la pensée, et cette audace n'était pas sans péril. Un jour l'écolier fut si merveilleux que son patron lui déclara qu'il avait fait ce que personne n'eût osé faire ; à quoi ce simple des simples répliqua respectueusement : « Que serait-il arrivé alors si tu avais été à ma place? » Voici ce qui avait eu lieu : le traité de Tilsitt signé, celui qui rêvait d'assujettir le continent et l'univers passa son armée en revue sur les bords du Niémen. Si fanfaron d'impassibilité qu'il fut, ce comédien laissait parfois percer l'intérêt qu'il prenait à déchiffrer les physionomies; on l'a vu souvent, joyeux, lire la face des grognards, et souvent aussi, triste, épeler les traits des vélites. En sondant les rangs, son regard fut attiré par celui d'un cavalier, qui, sans peur et sans reproche, le toisait, imperturbable, de ses bottes à l'écuyère à son petit chapeau.

— Depuis quand es-tu au régiment, toi ? questionna brusquement Bonaparte.

L'effronté riposta :

— Depuis sa création.

— Combien as-tu de service ?

— Onze ans.

— De blessures ?

— Treize.

— Hein ! treize !... et, morbleu ! quel âge as-tu ?

— Trente ans bientôt.

— Pourquoi donc, mon brave, n'as-tu pas encore la croix ?

— Je ne sais pas, général.

— Tu veux dire : Sire.

— Je dis : Général.

Le Corse sourit, après avoir blêmi. Sans doute il était d'humeur débonnaire ce jour-là. Peut-être aussi ce despote, las de marcher avec aisance et dédain sur des échines courbées, n'était-il pas fâché de chopper tout à coup contre un front inflexible; enfin, il se pouvait que dans les yeux de ce fier plébéien, qui ne se baissaient pas devant les siens, — au contraire! — l'autocrate trouvât et fût content de trouver cet avis salutaire : « Prends garde! la route n'est pas encore plane, tu peux faire la culbute; si tu as des courtisans, tu as aussi des censeurs! »

— Il ne te souvient donc pas que je suis l'Empereur? reprit-il avec je ne sais quelle bonhomie que démentait la dureté de l'œil.

Le « montagnard » répondit lentement :

— Je me rappelle que je vous appelais général à Arcole, à Rivoli, en Egypte et même à Marengo.

— Comment vous nommez-vous ?

— Jean Gasq.

— Prince de Neufchâtel, donnez votre croix à cet *Homme !*

Napoléon, ayant accentué le mot homme, regarda une dernière fois dans les prunelles le téméraire qui ne sourcilla point et piqua des deux. Lorsqu'il le rejoignit à bride abattue, Berthier l'entendit murmurant :

— Si ce maréchal-des-logis était maréchal de France, je le ferais fusiller.

— Pourquoi cela, Sire ?

— Oh ! ne craignez pas... je sais que vous avez oublié, vous et les vôtres.

A Essling, les cuirassiers pénétrèrent dans les masses autrichiennes comme des coins de fer ; Patrocle y prit un colonel ; Achille, un drapeau. Le maréchal-des-logis devint adjudant ; l'adjudant, lieutenant. Quelques jours après, à Wagram, ils se sauvèrent la vie, l'un l'autre à plusieurs reprises.

Le 14 août 1809, à Vienne, l'ex-bombardier d'Autun dictait la paix dans le palais du Kaiser d'Autriche, et non plus d'Allemagne. Au premier matador des peuples modernes, pour qu'il essayât de perpétuer la bénignité d'une race insulaire à qui nous sommes redevables de tant de pasquins et de bandits, François donnait en mariage une archiduchesse, sa fille.

— Tiens ! tiens ! les couronnes s'enracinent ou plutôt se greffent ! et la Révolution le permet ?...

— Allons à Paris, et quand elle aura soufflé, ces douairières danseront la *Carmagnole*, et nous deux aussi, avec elles !

La Révolution souffla, respira, déploya ses ailes et reprit son vol. En 1812, elle passait le Niémen ; elle rencontra Kutuzow adossé à Borodino. Le 7 septembre, la bataille s'engagea ; les cuirassiers formaient la réserve. Au fracas du canon, le plus vieux des deux patriotes dit au plus jeune : « je ne sais pas trop ce que j'ai : voilà deux jours que je ne puis m'empêcher de songer à Montauban ; je me vois allant à travers les rues de la ville, couché sur les bords du Tarn, en face de l'Ile, regardant les anciens remparts de l'Oulette et du Griffon ; les ruines de la Corne-Montmurat, les tours de la Cathédrale, le clocher de Saint-Jacques, Sapiac, Sapiacou, les Albarèdes, la tour de Capoue, le Moustier, la Capelle, Ville-Bourbon, Ville Nouvelle, Gasseras, le ruisseau de la Garrigue et le Fau défilent tour à tour et continuellement sous mes yeux ; j'aperçois mon père assis au milieu de ses faïences dans son magasin, au coin de la rue d'Auriol : il s'est bien cassé, et il a l'air tout chagrin. Cette nuit, j'ai rêvé que j'étais dans notre pépinière, sur la route de Caussade ; mon petit frère Sylvestre, que je n'ai pas vu depuis l'An I, me suppliait en pleurnichant : « Aîné, reste avec nous ; aîné, tu ne reviendras pas si tu pars ; ne nous abandonne pas, l'aîné, ne t'en va point ! » Écoute, camarade, je ne suis pas superstitieux, tu me connais, mais je crois que je serai tué aujourd'hui ; quelque chose m'en avertit. Il se peut bien que je ne voie pas notre république ; peut-être seras-tu encore là quand elle se lèvera. Tu la salueras ; tu la défendras pour tous d'abord, pour toi et pour moi ensuite. Remémore-toi tes principes que je t'inculquai, les vrais principes ! Ils me viennent d'un homme qui naquit bon et que les souffrances rendirent meilleur : déteste toujours les tyrans et les valets quels qu'ils soient. Aime les ignorants et les faibles ; aide-les, secours-les, enseigne-les, comme je t'enseignai... et pense quelquefois en faisant ton devoir, à qui te l'apprit... Tiens ! embrasse-moi donc ! »

En recueillant ces avis, les derniers peut-être, le sauvage apprivoisé crut être le jouet d'un cauchemar. Quitter son éducateur, se séparer de lui, ne plus le voir, ne plus l'entendre, ne plus l'avoir, lui semblait impossible ! Dans la naïveté et la sincérité de son amour fraternel et quasi-filial, il ne s'était jamais imaginé que la lance d'un uhlan ou la balle d'un croate, qu'un boulet, qu'un obus était capable de le lui tuer, et, dans son admirable égoïsme, s'absorbant tout entier, il n'avait point prévu que, soi-même, il était exposé à mourir, à laisser seul son gardien désespéré ; que soi-même, il pouvait être brutalement supprimé par la mort au milieu des combats, sournoisement atteint par un coup de feu, lorsque courbé sur la selle, la latte au poing, excité par les trompettes, il donnait la chasse aux bataillons ennemis, disloqués et fuyant éperdus à travers les plaines. Souvent, après maintes victoires, il avait parcouru avec son intime le champ de bataille, marchant ou plutôt nageant dans la tuerie, aveugle en présence des corps mutilés qui l'entouraient, sourd aux cris d'agonie, trébuchant aux cadavres, content d'avoir près de lui son guide, l'interrogeant, le touchant, l'admirant, buvant sa parole grave et tendre, heureux de le posséder, car ce puritain était tout pour lui : son ami, son père, son frère, sa famille, sa vie, tout enfin. La pensée qu'il risquait de le perdre ne lui était jamais venue ; aussi, ce dont l'entretenait son bien-aimé, lui fit-il peur, une peur immense, une peur folle ; il passa la main sur son front et tressaillit... Il s'était souvenu tout à coup qu'à Eylau il avait vu son compagnon d'armes saigner du flanc et de la poitrine et qu'il avait alors éprouvé, lui, témoin, une sensation d'obscurité et le froid, comme si ses prunelles se fussent détachées de ses yeux, comme si son sang se fut arrêté et congelé dans ses veines ; ensuite, il lui parut que le sol s'affaissant sous ses pieds il s'enfonçait lui-même dans le vide...

L'autre répéta :

— Embrasse-moi, fils !

Comme quelqu'un de brusquement éveillé, il s'orienta ; son professeur, son créateur lui ouvrait les bras et l'appelait sur sa poitrine. Il s'y laissa tomber sans dire un mot, car s'il avait parlé, il eut versé des larmes, et il tenait à ne pas faiblir, se rappelant à ce moment même, tout ému qu'il fût, cette maxime habituelle à son rigide mentor : « Que la femme pleure avec ses yeux, l'homme ne doit jamais pleurer que du cœur. » Ils s'étreignirent en silence et se tinrent longtemps serrés... Cependant la victoire résistait à l'artillerie française ; la vieille infanterie impériale elle-même s'était brisée sur les lignes russes sans les entamer. Vingt mille morts jonchaient la terre. Un aide de camp porta l'ordre à la grosse cavalerie d'enlever la grande redoute de la Moskowa.

— Salut, enfant, je vais mourir !

— Non ! Je ne veux pas, moi !

— C'est écrit !... ton sabre ? Voici le mien ; adieu...
Jean !... adieu !

— Bonaventure !... Bonaventure !

Les escadrons de fer s'élancèrent lourdement ; on eût dit
d'un vent d'orage, et tout à coup éclata une rumeur pareille
aux bruits confondus de la trombe, du tonnerre et du tremblement de terre. Trois cents tambours sur un mamelon battaient la charge, deux cents bouches à feu ébranlaient les
airs, et derrière un pli de terrain les musiques de tous les régiments disaient les hymnes de la Nation. Hommes et chevaux
avaient de la braise au sang. Les hurrahs et les hennissements
se mêlaient à la voix profonde du canon ; les bombes décri-
vaient dans l'espace des paraboles enflammées ; les fusées
escaladaient les cieux, et aux éclairs de la fusillade reluisaient
les casques et les sabres, les cuirasses et les baïonnettes ; six
cent mille hommes se heurtaient. Le soleil s'était obscurci ; à
peine si de temps à autre, on distinguait dans la fumée une
oscillation géante, un flux et un reflux périodiques et précipi-
tés d'escadrons et de bataillons ondoyant pêle-mêle, mer
humaine d'où sortait une clameur énorme et confuse que
dominaient de temps à autres les roulements des timbales, le
chant des clairons et des trompettes. La redoute du Borodino
ne fut pas enlevée ; elle fut arrachée, effacée ; ses redans,
ses bastions, ses défenses, ses défenseurs, tout s'évanouit.
Les cuirassiers y furent mitraillés, hachés, pilés ; ils violèrent
la victoire ; elle coûta cinquante mille hommes. Six fois
l'enfant du Quercy fut démonté, six fois il remonta sur
des chevaux dont les cavaliers avaient été désarçonnés
par le glaive ou le plomb. Le rêve équestre du grenadier
des Pyramides était réalisé, son idéal atteint. Jamais,
sur un cheval renaclant à la fois d'épouvante et de féro-
cité, l'œil rouge, les naseaux renflés, les dents à découvert, la crinière droite et roide, jamais, jamais homme
ne s'était ainsi vautré dans le tourbillon des batailles, à
travers les vomissements du bronze, sous les éclabous-

sures du fer, de la fange et de la chair, saoûl de sang, de musique et de salpètre, terrible. En moins d'une heure, il égorgea
plus de trente canonniers russes sous leurs pièces fumantes,
ce néo-chevalier ! Debout sur les étriers, il fendait les hommes, comme le bûcheron le bois, ce héros ! Sous les sabots
vermillonnés de son coursier, aux acclamations formidables
des fanfares qui chantaient la victoire, il cassa les reins et
creva le ventre à cinq ou six boyards, ce paysan gascon ! Son
casque, bossué, faussé, troué, informe, l'aveuglait ; il le jeta.
Tête nue, il frappait mieux. Une boîte de mitraille coupa en
deux sa septième monture, jument de l'Ukraine dont par lui
avait été poignardé le cosaque : avec elle il roula à terre ; d'un
bond, il fut sur pied ; un étalon sans cavalier passa : noir,
énorme, hennissant, effaré, le front tailladé, le poitrail ouvert,
l'œil en feu, les crins au vent, inondé de sang et d'écume qui
lui faisait une housse d'argent et de pourpre. Gasq se précipitait... il s'arrêta. Le cheval de Lavergne ! ô dieux ! il avait
reconnu le cheval de Lavergne. Alors il se laissa choir sur un
monceau de cadavres, et, s'y étant accoudé, il sanglota. Ici,
là, de ce côté, de l'autre, en avant, en arrière, partout, autour
de lui, l'airain tonnait, déchirait, pulvérisait, écrasait, broyait,
tuait : cet inconsolable n'entendait plus rien, ne voyait plus
rien, il pleurait...

Les Russes avaient fui : La Grande-Armée compta ses per-
tes. Cent fois celui dont la mort n'avait pas voulu, prédestiné
qu'il était, après avoir crié sous Waterloo : Vive la République ! en présence de l'Empereur parricide comme à la barbe
du Prussien et de l'Anglais enfin victorieux par hasard de la
France, à chasser des Tuileries Marmont et l'ex-d'Artois en
1830, Bugeaud et le ci-devant de Chartres en 48, cent fois et
cent fois ce soldat simple et pur, qui, toujours loyal serviteur
de la Révolution, devait, à la tête des fils des sectionnaires de
92, renverser de nouvelles Bastilles, erra dans ce qui avait
été la grande redoute de la Moskowa, soulevant ceux qui
n'étaient plus, enlevant des visages le sang coagulé, interro-

geant et reconstruisant les têtes défigurées, mesurant, scrutant les corps qui n'avaient plus rien d'humain ; il cherchait quelqu'un, il le demandait, il le lui fallait. Il l'eut enfin. Loin, bien loin de la redoute, derrière on ne sait quel amoncellement de terre rouge et spongieuse, sous des débris informes d'hommes et de chevaux, devant une batterie de mortiers encloués, étendu sur six artilleurs moscovites, un sabre de cavalerie plongé dans les entrailles jusqu'à la garde, on trouva le feld-maréchal Sospoff ; la main d'un capitaine de cuirassiers étreignait encore la poignée de fer ; cet officier était Bonaventure Lavergne ; cette arme, la même qu'il avait reçue de son fidèle lieutenant avant la charge ; le cœur du Français était troué de vingt-trois coups de baïonnettes, sa cuirasse percée à jour comme un crible ; son casque, sans cimier ni crinière, béait ; pas une égratignure à la face ; les yeux ouverts étaient demeurés vivants : ils regardaient...

Jean Gasq s'agenouilla et pria Dieu.

Et quand il eut prié Dieu, il se releva et creusa une fosse.

Et dans la fosse il descendit le cadavre qu'il recouvrit de terre.

Et dans la terre il enfonça, formée d'un écouvillon et des débris du couvercle d'un caisson de gargousses, une croix.

Et sur la croix, avec une baïonnette, il grava ces mots :

MON

PAUVRE BONAVENTURE

EST

ICI

LÉON CLADEL.

La lande en Quercy, Mai 1863.

Directeur littéraire : **ALBERT de NOCÉE**
Bruxelles, 62, rue du Marteau, 62

Messageries de la Presse. — Bruxelles, 16, rue du Persil, 16.

Librairie Universelle, — Paris, 41, rue de Seine, 41.

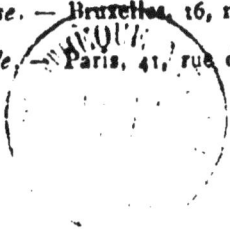

Mme G. DE MONTGOMERY

—

PREMIERS VERS

— « HONNI SOIT QUI MAL Y PENSE ! » —
— A CERTAINES — SOUS LES PINS — DÉSIRS DE FANTASIO —
— A LA MER — MORTS DE POÈTES — POUR UN FRANÇAIS —
— RONDEL —
— A LA GLOIRE — JE VEUX ÊTRE QUELQU'UN... —
— AU RHIN FRANÇAIS —
— LE REVOIR — OUI, C'EST BIEN TOI... —

—

LÉGENDE HONGROISE

—

PREMIERS VERS

A MON MARI

—

FEUILLES ÉPARSES

—

« HONNI SOIT QUI MAL Y PENSE ! »
DEVISE DE L'ORDRE DE LA JARRETIÈRE

—

> « Offrons tout ce qu'on doit d'encens, d'honneurs suprêmes,
> » Aux dieux, à la beauté plus divine qu'eux-mêmes. »
> *(Art d'Aimer. —* A. CHÉNIER.)

—

A toute heure, en tout lieu, je te chante, ô Beauté !
Toi de tous les anciens l'unique bienfaitrice,
Toi qui sur leur ruine étends en protectrice
Le manteau glorieux de l'Immortalité,
A toute heure, en tout lieu, je te chante, ô Beauté !

Je te chante en voyant un enfant, une rose,
Un marbre au doux contour sculptural et parfait,
Une femme divine, un jeune homme bien fait,
Un monument antique, une verveine éclose.
Je te chante en voyant un enfant, une rose.

Que de mal j'ai souffert avant de te trouver !
Oui, pour te posséder, divine enchanteresse,
Souvent le doux sommeil, touché de ma détresse,
Te montrait à mes yeux en me faisant rêver.
Que de mal j'ai souffert avant de te trouver !

Je t'adore partout : Honni qui mal y pense !
Celui-là doit fermer mon livre, et pour jamais.
Il ne saurait pas voir que c'est toi que j'aimais,
Que, t'ayant tout donné, tu vins en récompense.
Je t'adore partout : Honni qui mal y pense !

Fontainebleau, 19 novembre 1886.

A CERTAINES

—

Votre vie inutile en vains plaisirs s'écoule.

(*Aux Femmes.* — M⁰⁰ L. Ackerman.)

—

O femme qui plaignez ma vie aventureuse,
Vous dont le cœur est fait de tout petits désirs,
Je ne saurais vraiment partager vos plaisirs,
Non, car il me faudrait votre cervelle creuse.

O femme qui passez au milieu du chemin
Effrontément coquette et jamais amoureuse,
Il suffit pour vous rendre une journée heureuse
De compter les baisers qu'a reçus votre main.

O femme, laissez-moi dans l'ombre et le mystère ;
Tandis que vous montrez à tous votre beauté,
Moi, je vais travaillant pour l'Immortalité,
Car je veux des lauriers quand je serai sous terre.

Fontainebleau, 26 octobre 1886.

SOUS LES PINS

—

A LA MÉMOIRE DE MON PÈRE

—

Le silence des pins m'attriste et me rend sombre ;
C'est un arbre de deuil, un arbre de tombeau.
Et lorsque je le vois, je pense au front si beau
De mon père endormi dans le séjour de l'ombre.

Exilé de ces champs aux jeunes arbrisseaux,
Hélas ! vous reposez bien loin de ce village !
Et n'ayant même pas une croix de feuillage,
Vous ne pouvez, mon père, entendre les oiseaux !

Cependant sous les bois et dans la grande plaine
Vous aimiez bien souvent à venir vous asseoir ;
Alors le doux zéphir et la brise du soir
Soulevaient vos cheveux comme une chaude haleine.

Votre tombe est bien loin, au milieu d'inconnus,
Dans la fière cité dont la voix tonne et gronde.
Ah ! les rêves d'amour de votre tête blonde,
Vos désirs de soleil !... Que sont-ils devenus !...

Vous qui disiez toujours, en regardant le lierre,
« Oui, je veux reposer à jamais doucement,
» Je veux que mon cercueil, enlacé tendrement,
» Ne sente pas le froid du sépulcre de pierre ! »

Vous qui disiez cela, souffrez-vous maintenant ?
De n'avoir ni soleil, ni beaux lierres, ni roses !...
« Non ! me dit une voix dans l'Infini des choses,
» Au milieu des élus, il passe rayonnant ! »

Marienbad, août-septembre 1886.

DÉSIRS DE FANTASIO

AU BARON I. DE SAINT-AMAND

Partir dès le matin quand le soleil se lève,
En chantant, tout joyeux parmi les prés en fleurs ;
Comme un beau papillon courir, courir sans trêve,
Croire qu'on en est un et, joyeux de ce rêve,
Désaltérer sa bouche à la rosée en pleurs !

Partir quand vient le soir sous la verte ramée,
Songeant à vous, ma Douce, à vos derniers aveux ;
Comme le doux zéphyr chanter sa bien-aimée,
Croire qu'on en est un et, la lèvre embaumée,
Baiser à son retour vos blondissants cheveux !

Mourir quand vient l'été, mourir dans sa jeunesse,
En chantant le ciel bleu, la patrie et l'amour,
Aimer ainsi qu'un dieu quelque fière maîtresse,
Croire qu'on en est un et, le cœur plein d'ivresse,
Pendant l'Éternité se souvenir d'un jour !...

Paris, 1886.

A LA MER

—

A S. A. LA PRINCESSE JEANNE BONAPARTE,
MARQUISE DE VILLENEUVE.

—

O divine chanteuse, ô Méditerranée,
J'ai passé sur ta rive une bien douce année,
Respirant de tes bords les divines senteurs
Et des beaux orangers les parfums tentateurs.
J'effeuillai les douceurs du divin hyménée
Au bruit de tes flots bleus, de ta voix fortunée !

Ta robe est quelquefois céleste de douceur,
O toi de l'Océan la merveilleuse sœur.
Mais je veux te chanter jusques en ta furie,
Car je t'adore, ô mer, en ta sauvagerie.
Oui, j'aime de ton flot la terrible noirceur
Qui soulève en mon âme un désir obsesseur.

O mer ! les alcyons volant dans la tempête
Me semblent bien heureux ! Oui, je te le répète,
Ils sont heureux vraiment, car ils peuvent voler
Au milieu de tes flots, puis au loin s'en aller
Sur d'autres joyeux bords ; tandis que ton poète
Entendant tes sanglots pleure et baisse la tête.

Dis-moi, pourquoi ces cris, ces appels furieux ?
Pourquoi, te redressant en flots impérieux,
Sors-tu de ton beau lit fait de corail et d'algues ?
Et pourquoi cette écume au milieu de tes vagues ?
Ah ! calme de mon cœur le désir curieux,
Mer, pourquoi ces rumeurs aux sons mystérieux ?

Toi dont le ruban bleu sert de ceinture au monde,
Toi qui peux l'étouffer sous ta robe profonde,
Dis-moi pourquoi gémir, pourquoi pleurer ainsi ?
Si tu souffres, Déesse, enfuis-toi loin d'ici.
Et la vague m'a dit, mouillant ma tête blonde :
« Ce sont les cœurs noyés qui soulèvent notre onde ! »

Monaco, 28 décembre 1886.

MORTS DE POÈTES

A LA MÉMOIRE DE H.-CH. READ

No regrettons jamais les jeunes gens qui meurent,
Ils quittent ce monde odieux
Pour un monde meilleur. Bien fous ceux qui les pleurent :
Ils sont montés aux cieux.
(*Poésies posthumes.* — H.-Ch. READ.)

L'ENFANT

L'enfant agonisait. Sa figure d'archange
Formait une auréole aux divines pâleurs
Et ses petites mains se crispaient de douleurs
Bleuissant et semblant plus blanches que le lange.
Tout à coup souriant en voyant son bel ange :
« Maman, murmura-t-il, je t'enverrai des fleurs ! »
Puis l'enfant s'envola bien loin de notre fange.

L'ADOLESCENT

L'adolescent mourait comme une rose éclose
Se fane lentement sous le soleil joyeux.
Il mourait regardant l'immensité des cieux,
Et déjà sa paupière était pâle et mi-close.
« Mon amour, disait-il, pour que mon cœur repose,
« Et que-jamais des pleurs ne coulent de mes yeux,
« Ma Douce, oh ! couvre-les des feuilles d'une rose ! »

L'HOMME

Le poète mourait. Son angoisse était telle
Que des larmes coulaient de ses yeux lentement,
Car son cœur voulait vivre ! Il mourait en aimant.
Sa maîtresse, entendant venir l'heure éternelle,
Lui dit : « Sur ton beau front que veux-tu, cher amant ?
— « Femme, répondit-il, que ta main doucement
« Cueille pour l'ombrager une fleur d'immortelle ! »

19 juin 1886.

POUR UN FRANÇAIS

—

Vraiment vous êtes fort ; l'armure de nos preux
Sans vous faire plier sur vous pourrait s'étendre ;
Mais si vous êtes fort, votre regard est tendre
Et comme le lion vous êtes généreux.

O Franc aux cheveux blonds, pensez à vos ancêtres,
A ces joyeux Gaulois dont le sang valeureux
Fait battre votre cœur ; songez aux malheureux
Qui, morts pour le pays, dorment sous les grands hêtres.

Alors vous garderez un peu de votre cœur
Pour tous ces fiers martyrs ignorés de l'histoire
Et Dieu, voyant cela, par un jour de victoire,
Appelera vers lui votre âme de vainqueur !

Marienbad, 28 Juillet 1886.

RONDEL

—

SAPHO A PHAON

—

Otez-moi son baiser de mes lèvres brûlantes,
Otez-moi son étreinte en mes bras frissonnants,
Car je pense toujours à ses yeux rayonnants,
A sa voix si sonore, à ses paroles lentes.

Ah ! folles nuits, hélas ! O nuits ensorcelantes,
Spectre de mon amour, souvenirs bouillonnants.
Otez-moi son baiser de mes lèvres brûlantes,
Otez-moi son étreinte en mes bras frissonnants.

Ah ! je me sens mourir car des ombres sanglantes
Passent à mes côtés, puis de longs spectres blancs
M'entraînent malgré moi dans leurs bras tout tremblants.
Alors mon cœur s'écrie : « Ames ensorcelantes,
« Otez-moi son baiser de mes lèvres brûlantes ! »

Fontainebleau, décembre 1884.

A MON MAÎTRE
SULLY PRUDHOMME
JE DÉDIE CES VERS
Février 1887

—

LE CAHIER D'UN RÊVEUR

—

A LA GLOIRE

—

Oui, j'ai le cœur tout plein d'angoisse et de détresse,
Et pourtant il fait beau, le ciel est d'un bleu doux.
Mais poète enfiévré je meurtris mes genoux
A vous glaner des fleurs, ô Gloire, ô ma maîtresse !

Vous à qui j'ai donné tout mon sang, tout mon cœur,
Vous pour qui je dédaigne et l'amour et le monde,
Quand donc baiserez-vous ma jeune tête blonde
Et quand de l'avenir me rendrez-vous vainqueur ?

Je sais que pour vous plaire il faut donner sa vie,
Il faut donner ses jours, ses pensers, ses désirs;
Je sais qu'il ne faut plus chercher les vains plaisirs,
Aussi j'ai tout laissé, l'âme fière et ravie.

Et je serai vraiment bien content de mon sort
Si, m'endormant tranquille, heureux de ne plus vivre,
De tendres amoureux, en feuilletant mon livre,
Me donnent un regret, lorsque je serai mort.

Fontainebleau, 1886.

———

★
* *

« Que la barque s'engloutisse, mais qu'au moins
elle laisse derrière elle un sillage ! »

(*Pensées d'une Solitaire.* — Mme L. ACKERMAN.)

—

Je veux être quelqu'un, je veux être un poète,
Et s'il faut de mon sang que je marque mes pas,
Je m'ouvrirai moi-même et le cœur et la tête :
Mourir sans laisser d'œuvre est un double trépas.

Car si le corps pourrit, l'âme est une immortelle,
Le corps est l'instrument qu'elle jette au rebut
Et souvent il fléchit et sa souffrance est telle
Qu'on le voit succomber en arrivant au but.

Qu'importe ! si la voix a pu se faire entendre ;
Qu'importe ! si le pied a gravi le sommet !
Mourir n'est pas mourir, car vivre c'est attendre
Le lever du soleil qui ne s'éteint jamais.

O corps ! relève-toi pour travailler encore,
J'ai dans le corps, vois-tu, des milliers de sanglots ;
Quand tu seras muet, chanteras-tu l'aurore ?
Et quand tu seras sourd, entendras-tu les flots ?

Travaille donc, forçat ! mon seul esclave en somme.
Le travail ennoblit la brute qui le fait.
Tu dormiras après un tranquille et long somme :
Le sommeil éternel viendra comme un bienfait.

Alors de tout le sang qui fait battre mes veines
Sortit une terrible, une étrange clameur :
« Le sommeil ! » disait-elle, « est-ce assez pour nos peines ?
» Il faudrait être trois pour te servir, rimeur.
» Je te ferai rêver ! — Merci ! » dit la rumeur...

Monaco, janvier 1887.

AU RHIN FRANÇAIS

SONNET

—

A M. A. DE SAINTE-FARE

—

Fleuve ! je vais donc voir ton eau triste et profonde
Et mon cœur, qui n'est pas le cœur d'un riverain,
Ne veut plus te chanter mais te maudire, ô Rhin,
En violant ta robe, en crachant dans ton onde.

Ah ! que n'ai-je à ma lyre une corde d'airain !
J'irais crier au ciel, j'irais crier au monde
La haine que je sens en mon âme et qui gronde,
Pensant que mon pays n'est plus ton suzerain.

Or, tandis que mon cœur chantait le fier courage
Des Français immolés, tout bondissant de rage
M'apparut le grand fleuve et, rêveur, je me tus.

Car son onde était rouge et, toute frémisssante
Sous le soleil sanglant m'a dit, retentissante :
« O poète ! à genoux, je pleure les vaincus ! »

Mayence-Rhin, août 1886.

LES AMOURS DE FANTASIO

—

LE REVOIR !

> ... Non é già sogno
> Come stimai gran tempo.
> (*Consalvo.* — GIACOMO LÉOPARDI.)

—

O charmant et tendre imprévu,
Je me dis : Était-ce un mensonge,
Ai-je rêvé ? Serait-ce un songe,
O mon Printemps, t'ai-je revu ?

C'était toi, saison immortelle,
Où mon cœur bondit éperdu ;
Premier amour, tu m'es rendu,
C'était toi, puisque c'était elle !

J'ai le bonheur dans l'avenir,
J'ai le renouveau des années,
Car si les fleurs se sont fanées,
Leur parfum m'en fait souvenir.

Ressuscitée ! ô la plus blonde !
Toi, mon Printemps, ma chasteté,
Notre amour n'est pas de ce monde,
Car ma tendresse est trop profonde,
Je t'aime en l'Immortalité !

Mars 1887.

★

✶ ✶

« Vivi mi disse et ricordanza alcuna
» Serbi di noi ?...
(*Il Sogno.* — GIACOMO LEOPARDI.)

—

Oui, c'est bien toi, je te retrouve,
Voici mon bonheur d'autrefois !
O mon amour ! quand je te vois,
Si tu savais ce que j'éprouve !

Je me souviens de nos aveux,
O ma divine, ô la plus belle !
L'amour m'a touché de son aile :
C'est toi que j'aime et que je veux.

Le souvenir de tes caresses
M'apparaît comme un jour d'été.
O mon printemps ! ô ma beauté !
Je pense aux nuits enchanteresses.

Je pense au front que j'ai baisé,
A notre premier serment; j'ose,
Tout près de ta lèvre mi-close,
Parler de notre amour passé.

Ah ! que de ton âme il se lève
Resplendissant comme un vainqueur.
Lors t'appuyant contre mon cœur
Dis-moi toujours, dis-moi sans trêve :
« Ce passé n'était pas un rêve ! »

Mars 1887.

Mᵐᵉ G. DE MONTGOMERY.

TABLE

—

LÉGENDE HONGROISE

—

La belle Edwige, la fille aînée de la reine Gudule, était fiancée depuis deux mois au fameux chasseur Burckart le Noir, celui qui faisait pâlir d'effroi toutes les jeunes filles et pâlir d'envie tous les jeunes seigneurs. Les noces de la belle Edwige devaient être des noces mémorables, tous les seigneurs des environs et tous les châtelains du comté de Clarck préparaient leurs plus beaux atours pour se montrer à la fête nuptiale de leur princesse ! Tous voulaient lui offrir un souvenir et bientôt les portes du château de Clarck s'ouvrirent devant de splendides parures et de merveilleux meubles !... Pendant ce temps, que faisait la fiancée ?

Edwige pleurait; car, si son corps était promis, son cœur appartenait déjà à un autre, au blond troubadour Alain de Transvàl ! ce français à la voix douce, au parler tendre ! Edwige l'avait aimé en l'entendant chanter ! Et ce doux poète lui donna sa foi par un soir de décembre où leurs deux montures, allant à égale vitesse, avaient pu dépasser les chasseurs. « ... Je ne serai qu'à vous », murmura la belle Edwige. Mais les filles de sang royal doivent leur vie au pays qui les a vues naître. Le roi Karni lui ordonna d'accepter les hommages de Burckart, héritier d'une grande et noble famille. Edwige pleura et se soumit!... Alain de Transval mourut, le lendemain des fiançailles d'Edwige, accidentellement en se baignant... On retrouva son corps quelques jours après : il tenait dans ses mains une boucle de cheveux bruns.....

— Que pourrai-je bien donner à ma nièce pour ses noces ?...

Ainsi parlait la comtesse Katinka. Enfin, après avoir cherché longtemps, elle s'arrêta à l'idée de lui faire tisser un drap pour le jour solennel : un drap tout en or. Elle prit donc dix boisseaux d'or et s'en vint dans la montagne chercher la vieille Mulgai, renommée pour sa merveilleuse manière de filer, mais redoutée, car elle était un peu sorcière. La comtesse, en entrant dans la chaumière de Mulgai, s'écria :

— Voici dix boisseaux d'or; fais-les fondre et file-moi pour les noces de ma nièce Edwige le plus beau fil d'or du monde !... On lui en fera son drap de noces !...

— Je suis bien vieille, répondit Mulgai; mais pour la douce Edwige, je ferai de mon mieux.

Et la comtesse partit toute ravie !

Mais voilà qu'en filant son or, Mulgai entendit le fil d'or lui dire :

— Laisse-nous, laisse-nous, Mulgai ! nous sommes couleur du soleil, de l'astre radieux, nous sommes pour célébrer la joie, le bonheur; laisse-nous, Mulgai !...

Et, comme celle-ci continuait à filer,... les fils d'or se

brisèrent !... et, dans la chambre de la vieille, ce fut comme un rayon de soleil.

Alors la vieille sorcière alla trouver la comtesse Katinka, et lui avoua qu'elle ne pouvait filer l'or.

— Qu'à cela ne tienne, répondit la comtesse. Rends-moi les dix boisseaux d'or et prends en place ces dix boisseaux d'argent.

Mulgai n'avait pas filé la moitié de sa quenouille que le fil d'argent se prit à lui dire :

— Laisse-moi, Mulgai ! laisse-moi, car ma couleur est celle de Phœbé, de l'astre radieux qui écoute les serments des amants. Non, je ne puis servir à tisser le drap de la brune Edwige !... Laisse-moi, Mulgai, ma couleur est trop joyeuse !...

La sorcière ne voulut pas écouter ce que lui disait le fil d'argent... Alors, il se brisa...

Et, dans la chambre de la vieille, ce fut comme un grand rayon de lune...

Mulgai courut de nouveau prévenir la comtesse Katinka de ce qui lui advenait.

— Ah ! dit-elle, madame, il va certainement arriver un grand malheur à la princesse Edwige ! Je ne puis filer ni l'or ni l'argent.

— Qu'importe ! dit la comtesse, il ne faut pas être superstitieuse comme cela ! File du lin bien beau et bien blanc. Je lui en ferai tisser un drap qui fera rougir de honte la neige.

Or, comme la vieille filait le lin, celui-ci se prit à chanter, sous ses doigts tremblants, le triste et cruel chant du *De profundis* !... Elle s'arrêta, frissonnante !...

— Prends-moi, lui dit le fil de lin, prends-moi, car la

douce Edwige repose !... Elle dort du lourd sommeil : Je serai son linceul !...

Quand la comtesse Katinka vint apporter le drap nuptial à la belle Edwige, elle trouva la cour en désolation, car, la veille de ses noces, la princesse avait disparu et l'on venait de retrouver son corps parmi les roseaux, serrant dans ses blanches mains une boucle de cheveux blonds.

De tous les cadeaux envoyés pour les noces de la princesse, ce fut celui de la comtesse Katinka qui servit seul, car il servit de suaire à la douce Edwige. Le soir on exposa son corps dans une chapelle ardente, et la lune, traversant de ses rayons argentés les sombres vitraux, vint former une auréole au pâle visage d'Edwige... car elle ne fut pas parjure !

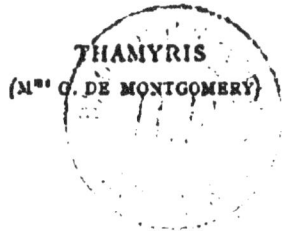

THAMYRIS
(Mme C. DE MONTGOMERY)

LIBRAIRIE NOUVELLE. — Bruxelles, 2, Boulevard Anspach, 2.
LIBRAIRIE UNIVERSELLE. — Paris, 41, rue de Seine, 41.
DIRECTION : Bruxelles, 62, rue du Marteau, 62.

DEUXIÈME ÉDITION.

ALBERT de NOCÉE

—

LA FILLE DE BRASSERIE

—

— LA VEUVE —

—

CONTES A LISETTE

— LES DEMOISELLES BOIVIN —

— C'ÉTAIT LE SOIR... —

—

VOL. 7. — SÉRIE I (N° 7)

LA FILLE DE BRASSERIE

Dans le bouge qu'emplit l'essaim insupportable
Des mouches bourdonnant dans un chaud rayon d Août ..
FRANÇOIS COPPÉE.

Il y a cinq ans, — déjà cinq ans ! — qu'elle se morfond
ici, à la brasserie « *Gambrinus* » dans le flux des éclats de
rire gouailleurs, des paroles bruyantes, des jurons se noyant
au fond des verres où une bière grasse, pâteuse, stagne sans
reflets.

Lasse, les yeux morts, cernés, battus, au milieu d'un visage
froidement beau, aux lignes correctes, la taille avachie, aux
seins trop larges et s'affaissant dans une fatigue générale,
elle glisse, inconsciente, avec un ennui de vivre dans tous ses
mouvements, entre les bancs et les tables de bois, où la foule
gueule...

Un ennui de vivre de cette vie sans but, de cette existence
d'où les illusions, — si grandes autrefois ! — se sont évanouies, éclipsées à jamais, où le passé, — un passé qui n'est
qu'un long regret, — miroite seul dans un ciel clair, serein,
gros de bonheur, où l'avenir n'existe pas, parce qu'il n'est
qu'une répétition fatale, uniformément la même de ce présent
qui ne lui tient pas au cœur.

La vie bête, la vie sale !

De son enfance il ne lui reste qu'un souvenir vague, indécis,
sans contours bien nets, et qui semble avoir passé sur elle
comme un souffle léger et transparent : des baisers de mère,
— de ces gros baisers bien sonnants, — les courses folles à
travers champs, à travers bois, coiffée d'églantines blanches,
— toutes blanches, — et vêtue de mousseline rose, — toute

rose ; les étonnements d'enfant en présence de la grande nature, quand les yeux, plus que l'esprit, interrogent un inconnu, un pourquoi, une fleur, un insecte, une libellule ou une coccinelle, quand la bouche est brulée du désir constant d'embrasser toutes choses, parce que *c'est beau !...* parce que *c'est gentil !...*

Puis, plus rien...

A cette courte journée d'été avait succédé la nuit noire, éternelle, le chaos funèbre, aux couleurs sombres, l'abîme profond où la pensée se perd, tremblante d'horreur et de dégoût.

Ç'avait été par une belle matinée de printemps qu'elle avait connu les griseries de l'amour, — mais des griseries furieuses, bestiales, des griseries charnelles.

En pleins champs. Une chaleur de plomb accablante. Le grésillement des insectes tintait pareil aux craquements d'une tôle chauffée à blanc. Aucun souffle n'agitait les feuilles qui semblaient engourdies dans cette moiteur de fournaise.

Ils s'étaient égarés, tous deux, sans savoir comment. *Ils* se tenaient le bras ; leurs mains se touchaient, — des mains chaudes, flasques.

Ils ne se parlaient que par monosyllabes, trop las, comme engourdis, sans force.

Puis, tout à coup, il lui avait murmuré, à voix basse, la bouche tout près de sa nuque :

— « Ce serait si bon de s'aimer !... si bon !... »

Et, comme elle avait ri, ne comprenant pas ce qu'il voulait dire, il lui avait collé les lèvres sur les siennes, follement, avec furie, avec rage. . . . .

. . . .

. . . .

Aucune larme ne lui était monté aux yeux : elle était comme abêtie, l'esprit vide, le corps moulu.

Et, depuis ce jour, elle s'était sentie à chaque instant jetée dans des crises de désespérée avec des envies de mordre, d'écraser, de tuer qui, après, la brisaient, la laissaient sans force, plusieurs heures durant.

Elle ne se reconnaissait plus : sa pensée faible ne recevait pour ainsi dire plus les sensations extérieures et elle s'imaginait parfois que la vie s'échappait lentement de son être où un feu incessant brûlait, rongeant ses chairs.

La nuit, son agitation croissait : une sueur moite lui collait à la peau, en grosses gouttes; les yeux hagards, la gorge sèche, elle mordillait la toile de son oreiller avec des sanglots étouffés; ses mains se crispaient et ses bras nerveux, cherchaient dans l'ombre fuligineuse un corps à étreindre, follement...

Et elle murmurait, comme si elle se fût adressée à un être invisible, avec des mots coupés, étouffés par le baillon de linge qu'elle ne cessait de mordre rageusement :

— « Prends-moi !... oh ! je t'en prie, encore... encore !... Prends-moi !... »

Puis, un jour, elle se trouva seule, sans amis, sans parents que des revers de fortune avaient tués, par douleur et par désespoir.

Alors, devant cet isolement, cet éloignement de toutes choses, sa fièvre d'amour devint plus cuisante, ses désirs plus violents.

Ses lèvres cherchèrent des lèvres, toujours...

Mais, ce qu'elle voulait, ce n'était pas cette tendresse timide, grosse de délices, ce trouble, cette attirance qui grandit, à mesure que les cœurs se comprennent davantage, ces mille bêtises puériles et charmantes qui précèdent l'extase.

Non. Ce qu'elle voulait, c'était l'extase, — extase furieuse, bestiale, extase des sens. — Il la lui fallait, elle la désirait,... elle l'appelait...

Et un tourbillon l'emporta : sa bouche se colla à toutes les bouches, ses bras s'ouvrirent à toutes les étreintes.

Ce fut, pour elle, une longue et interminable souillure de baisers infâmes, dans l'ombre chaude des chambres aux persiennes closes, dans le silence des bois mystérieux, sous le feu des étoiles. Elle se donna à tous ceux qu'attirait sa chair rose, passant de l'un à l'autre par une lassitude molle, mais les sens toujours en éveil.

La vie bête !... la vie sale !...

.˙.

Aujourd'hui que sa fièvre apaisée lui permet de scruter son existence dans tout ce qu'elle a d'horrible et d'abject, elle n'éprouve que haine et que dégoût, — haine pour les autres et pour elle ; dégoût de vivre.

Quoiqu'elle fasse, sa pensée se reporte toujours vers ces années perdues, depuis qu'elle est entrée ici, comme une épave, à la brasserie *Gambrinus*. Toujours, elle se complaît à s'arrêter au vague souvenir de sa jeunesse parce que ce sont les rares, les seules heures de bonheur chaste et vrai qu'elle ait vécues ; toujours, jusqu'à ce qu'un client, la frôlant de trop près, la fait s'écrier, furieuse :

— « A bas les pattes, vieux sale !... »

Bruxelles, le 2 mars 1887.

Pour Jules de Bruyne,

LA VEUVE

Très pâle, maladive et ses deux yeux creusés
Comme des trous de nuit où se meurt une étoile,
En grand deuil, et cachant sa langueur sous un voile...
G. RODENBACH.

--

On l'a enterré ce matin à onze heures, par un temps de pluie froide.

Le ciel était couvert, triste,. languissant. Les couronnes d'immortelles dégouttaient, toutes mouillées, sur le sombre corbillard et son bouquet de pâles « *ne m'oubliez pas* » semblait pleurer des larmes bleues. Les chevaux, impatients, battaient de leurs sabots le pavé sonnant creux. Et de par toute la rue, des voisins et amis, accourus nombreux malgré le mauvais temps, attendaient sous leurs parapluies vastes et pleurards.

C'était triste !...

Et elle pense à tout cela, la pauvre petite veuve, toute pâle dans sa robe de deuil sinistre.

C'est une jeune femme maigre, aux yeux profonds et largement bistrés. Et ses lèvres, blanches de fièvre, semblent mortes comme si d'autres lèvres les avaient écrasées, en buvant leur sang rouge. Tout son être respire langueur. On dirait qu'elle se meurt.

Elle rêve...

Le petit salon aussi semble mort ; deux hautes lampes, garnies d'énormes abat-jour de dentelle rouge, versent sur toute la place leurs rayons de sang ; tandis que dans la cheminée flambe une grosse bûche avec de légers craquements. La petite veuve, pelotonnée dans son fauteuil de velours rose, — d'un rose mort, — regarde les tisons qui s'écroulent, en cendres grises...... et, là bas, l'autre fauteuil attend, froid et solitaire.

Elle rêve......

Pauvre Georges !... Qui aurait cru à un si rapide dénouement !... Deux ans de fol amour, — l'amour avec ses furies de bête fauve et ses rages !... Deux ans de passionnante ivresse, durant lesquels leurs lèvres ne s'étaient désunies, blanches de leurs fiévreuses extases !... Deux ans !... Et il avait fallu que l'implacable faucheuse vînt briser leurs enlacements, jalouse !......

Pauvre Georges !... Il est là devant elle, avec sa figure grave et mélancolique, ses yeux noirs aux paupières fatiguées lançant des regards voilés, pleins de langueur. Depuis le premier jour où elle l'avait vu — son Georges ! — elle s'était senti attirée vers lui, vaincue, sans force, sous le charme. Oh ! qu'il était beau avec son front pur, ses cheveux épais et blonds, — d'un blond d'aurore, — large des épaules, imposant. Elle le revoit tel qu'il était aux temps de leurs fiançailles, quand ils vivaient d'espérance, de cruelle attente, de brûlants désirs !... Et quand alors ils avaient été l'un à l'autre, ç'avait été une extase infinie dans un long et rauque baiser d'amour, — baiser éternel !...

La mort ! .   .   .   .

.   .   .   .

.   .   .   .

.   .   .   .

La petite veuve frissonne.

Elle rêve toujours, en regardant les tisons qui s'écroulent en cendres grises.

Elle rêve à cet autre, — *l'Inconnu !* — qui doit remplacer son Georges enterré, ce matin, à onze heures, par un temps de pluie froide.

Bruxelles, le 13 décembre 1886.

CONTES A LISETTE

Une page d'une vie humaine, et c'est assez pour
l'intérêt, pour l'émotion profonde et durable ;...
de simples études sans péripéties, ni dénouement ;
l'analyse d'une année d'existence ; l'histoire d'une
passion.   E. Zola.

LES DEMOISELLES BOIVIN

Pour toi.

Dans la clarté trouble d'une matinée de juillet, — clarté
fade, tirant sur le gris, comme enveloppée d'un nuage d'une
diaphanéité terne, — et sous les lourds écoulements des rayons
tombant drus et chauds, la grand'place de la petite ville de
Veaumine s'étend plate, immense, silencieuse...

A droite, les maisons, — les unes à deux, les autres à trois
étages, — s'alignent en une enfilade morne et irrégulière,
les contrevents verts hermétiquement clos, et brûlés des ful-
minantes caresses d'un soleil irrité, craquelant leur badigeon
blanc et rugueux.

A gauche, confusément noyées dans leur pénombre, quelques constructions, à l'aspect plus sévère, se détachent faiblement dans l'encadrement brillant du ciel bleu. Des fenêtres
larges ouvertes, mais que cachent des rideaux de diverses
couleurs, s'échappent des odeurs aigres, — des odeurs de
graillon. Çà et là, une hampe aux couleurs nationales, soutenant un drapeau flasque, immobile.

Et de toutes ces habitations dormant en quelque sorte
dans une fatigue, un alanguissement général, s'élèvent par la
cheminée des fumées grises, — des fumées qui montent
lourdement, se déroulent avec lenteur, se dissipent...

De temps en temps, une volée de pigeons blancs s'abat
sur la grand'place, piétine longuement, en tous sens, puis
reprend son vol lent et circulaire pour s'arrêter, là-bas, au
pignon le plus élevé.

Et tout au fond, contournant l'église, — une église vieille
avec son clocher en réparation, sa porte basse et son cadran
presque imperceptible, — des marchands, endormis sur leur

chaise, à côté de leurs chiens paresseusement étendus à terre, la langue pendante, ont étalé toutes sortes de marchandises sur des tréteaux autour desquels tourbillonnent de grosses guêpes bourdonnantes.

Midi !...

Et tout à coup la cloche de l'église se prend à tinter de sa voix de fer, douze fois de suite, avec lenteur.

Alors, — comme par enchantement, — tout s'anime, tout s'agite ; et tandis que le temple vomit ses nombreux fidèles dans un miroitement de couleurs vives, les marchands, brusquement réveillés, les yeux gros encore de sommeil, s'égosillent, s'échauffent, harcelant, interpellant les badauds avec une volubilité factice de phrases apprises par cœur.

Plus loin, leurs silhouettes d'êtres affamés se détachant sur un paravent aux couleurs bariolées, un marchand de complaintes, long et maigre, accompagne sur un violon criard le chant d'une jeune fille, — chant traînard, enroué, plaintif.

Au pied de l'estrade, dans un ébahissement bête, les passants se poussent du coude pour écouter de plus près, les yeux écarquillés, les mains dans les poches, bouche bée, tandis que les campagnards endimanchés « *lichent* » goulûment de grandes pintes d'une bière grasse, attablés devant les cabarets dans une attitude dégingandée d'homme à l'aise.

Tout à coup, au milieu de l'enchevêtrement multicolore de cette foule bruyante, une voix de gamin s'éleva, mauvaise, criarde :

— « Ohé ! les planches !... »

Ce fut comme une traînée de poudre : partout on vit se dresser des têtes, cou tendu, cherchant à découvrir, avec un rire méchant sur les lèvres. Il y eut des chuchotements, des poussées de coude. Les hommes s'étaient hissés sur les tables, debout, verre en main, tandis qu'à leurs portes de grosses matrones étaient accourues pour voir, les manches fortement relevées et montrant la nudité velue et basanée de leurs gros bras.

Et la voix, — mauvaise et criarde, — clamait toujours :

— « Ohé ! les planches !... »

Alors les demoiselles Boivin, — les planches !! — apparurent, longues, la poitrine creuse et coupant de leur maigreur cadavérique le large profil de leur père — un homme gros, petit, qui resserré entre ses deux filles, s'avançait d'un trottinement de taupe grasse.

Deux filles desséchées, les yeux ternes et sans éclats, les lèvres pincées, — comme à jamais fermées aux baisers, — avec quelque chose de risible dans toutes leurs façons d'être malgré une certaine prétention à la correction parisienne. Mille rubans voltigeaient autour de leur échine longue et d'une seule venue, comme un essaim d'insectes autour d'un échalas. Tristement affreuses en un mot, d'une laideur qui peine, qui fait mal au cœur, qui attriste.

Et elles allaient toujours, sous les regards mauvais de la foule, clopinant des jambes dans leurs robes raides et pendantes, sans ce gracieux mouvement des hanches qui ballotte les jupes, follement.

Elles allaient, droites, en apparence insensibles aux rires saccadés des campagnards qui éclataient dans un échange bruyant de mauvaises réflexions.

Et la voix criarde du gamin ne cessait de clamer : — « Ohé ! les planches !... » tandis qu'arrivées chez elles, là-bas, au numéro 133 de la grand'place, une porte verte s'était fermée sur elles, — porte basse, munie d'une énorme plaque en cuivre avec ces mots :

ALEXIS BOIVIN
Architecte-voyer de la ville

Deux mille quatre d'appointements, avec le prochain espoir d'une pension presque équivalente, le père Boivin qui attendait avec quelque impatience l'heureux instant de la retraite, — où il se voyait déjà, les pieds dans de grandes pantoufles grises, le gilet déboutonné, se laissant vivre tranquillement, — le père Boivin, dis-je, n'avait plus au cœur qu'une seule affection, mais une affection vive, immense, qui le préoccupait, le tourmentait, le mettait dans une agitation continuelle :

Marier ses filles !

Resté seul avec elles, très tôt, — madame Boivin étant morte peu après leur naissance, — il s'était vu obligé d'avoir pour ses deux enfants des soucis de mère, s'occupant de leurs robes, de leurs jupes, de leurs chapeaux avec cette maladresse habituelle de l'homme aux prises avec les soins du ménage.

Ah ! certes, dans les commencements, le pauvre homme avait eu bien des instants de découragement.

Plus d'une fois il s'était épongé le front ruisselant de sueur, désespéré en présence d'une difficulté selon lui insurmontable. Et dans ces moments d'abattement, il lui venait des envies folles de tout envoyer aux cent mille diables !... Mais son affection pour « *elles* » l'emportait toujours et il se remettait aussitôt avec un nouveau courage à tailler des pantalons, des bonnets, des chemises, soufflant **très fort**. Finalement même cette vie de bonne d'enfant devint pour lui une habitude, — cette seconde nature !

D'ailleurs, à son affection de père s'étaient ajoutés la satisfaction, l'orgueil même de les avoir élevées tout seul ; et il lui arrivait parfois de rester en extase devant elles, en homme content de son œuvre.

Ah ! il pouvait s'en vanter de son œuvre : deux perches à houblon, longues comme un jour sans pain, osseuses d'une ossature affreuse saillant portant au travers de la robe. Et laides avec cela !... horribles avec leur visage aux angles durs, aux yeux hideusement profonds.

Et malgré tout, le pauvre homme s'entêtait à les trouver adorables, s'amusant avec une certaine fierté pleine de conviction à les appeler « *mes chères belles !!! ..* »

Arriva le moment de les conduire dans le monde, aux soirées dansantes du préfet, aux bals du conseiller municipal.

Ce fut tout un événement ; on en parla trois mois à l'avance ; longuement on discuta l'arrangement de deux vieilles robes de bal, qui avaient appartenu naguère à la pauvre défunte, — des robes à petits volants blancs et bleus, alternativement. A un moment même, la discussion s'aigrit ; et il fallait voir M. Boivin s'écrier, furieux, avec un geste admirable : « *Vous n'y entendez rien, mesdemoiselles !* »... Et de fait, il s'y entendait mieux qu'elles !

C'est qu'il s'agissait là d'une chose de la plus haute importance. Ce bal, ces soirées, c'était le placement de ses filles,

— *de ces chères belles !* — c'était sa récompense, c'était le couronnement de son « *œuvre !* »

Et à chaque jour qui le rapprochait de la première fête attendue avec tant d'impatience et de trouble, son angoisse grandissait, prenait des proportions énormes avec des insomnies, d'affreux cauchemars qui, la nuit, le faisaient trembler de tous ses membres, claquant des dents, le corps enveloppé d'une sueur moite.

L'idée d'une demande en mariage, de voir son rêve exaucé, ses filles mariées, le bouleversait complètement ; et il se martyrisait la tête à ajouter aux nombreux sacrifices qu'il s'était imposés jusqu'alors de nouveaux sacrifices plus grands encore.

Depuis longtemps, plus de domino, le soir, au « *Grand ours blanc* » dans le brouillard épais des fumées aigres. Maintenant il venait de reléguer dans un coin de son armoire sa grande pipe qui ne l'avait jamais quitté auparavant : il cessa de fumer. Certes, ce ne fut pas sans un serrement de cœur, mais que n'eût-il pas fait pour ses « *chères belles ?...* » Et chaque jour apportait son nouveau sacrifice.

Par contre, les demoiselles Boivin avaient leur maîtresse de piano, étaient abonnées à un journal de mode — (6 francs par an !) — Il fallait que les dimanches elles eussent de jolies robes, des chapeaux, des gants à plusieurs boutons ; tandis que lui, — le pauvre homme, — portait des souliers éculés, des pantalons indéfiniment rapiécés.

Le bal du préfet arriva enfin, bal splendide, sans précédent.

Pendant les quinze jours qui ont suivi, la famille Boivin a été possédée d'une angoisse folle, d'une agitation pleine de troublante indécision et de cruelle attente.

Aucun prétendant ne s'est présenté.

L'année dernière, les demoiselles Boivin ont assisté pour la douzième fois au bal du préfet.

Monsieur Boivin ne désespère pas.

Les demoiselles Boivin attendent toujours.

Bruxelle·, le 1er décembre 1886.

C'ÉTAIT LE SOIR...

—

Pour toi.

Cétait le soir ; c'était l'heure où les amoureux,
Moins timides, tout bas osent se faire entre eux
Les tendres questions et les douces réponses.
Le couchant empourprait le point noir des quinconces
Lentement descendait l'ombre, comme à dessein ;
Le vent, déjà plus frais, ridait l'eau du bassin
Où tremblait un beau ciel vert et moiré de rose :
Tout s'apaisait...

FRANÇOIS COPPÉE.

—

Vers six heures, — comme le vent, subitement changé, avait maintenant des caresses fraîches, presque mordantes, — les chaises du « *Parc* » commencèrent à se dégarnir.

Il se fit partout des vides, tandis que la foule descendait lentement vers la ville. Et cela faisait une cohue bariolée de toilettes pâles où le bleu dominait, se détachant sur le blanc intense du tablier des nourrices et des longues jupes des enfants.

Là-bas, du côté de la rue Ducale, on voyait scintiller avec de vives étincelles les cuivres et les sabres de la musique des Guides qui piétinait, en s'éloignant, dans la poussière grise et montante.

D'ici, de là, une bonne soulevait vivement un beau bébé joufflu, qui, inconscient, roulait ses mollets nus dans le sable, le secouait avec un « debout, sale gamin !... » et lui tapotait bruyamment sa robe défraîchie. De fortes nourrices s'en allaient d'un pas mou et cadencé, en traînant derrière elles de petits hommes en herbe qui tantôt admiraient aux kiosques, les yeux écarquillés, leur petite bouche grande ouverte, les images des journaux illustrés pendus à des ficelles par des chevilles de bois comme le linge qu'on fait sécher.

La grande allée qui conduit de la place du Palais à la rue de la Loi devenait de plus en plus déserte, tandis que dans les allées latérales, déjà solitaires et muettes, l'ombre emplissait leur profondeur pleine de mystère.

Sur tout cela, la nuit tombait rapide...

Non loin du bassin, — autour duquel à genoux et leurs petites mains appuyées sur le bord, quelques enfants s'attardaient à poursuivre d'un œil étonné les courses folles des poissons rouges, — une nourrice flamande était assise sur un banc, le pied droit lourdement posé sur la roue d'une voiturette, où un bébé dormait béatement, poings fermés.

Parfois, elle jetait un regard furtif du côté d'un jeune militaire qui, assis à l'autre extrémité du banc, tortillait fiévreusement sa moustache, sans un mot.

Enrubannée comme les bêtes primées aux concours agricoles, la poitrine large, volumineuse, avec des yeux fades regardant toutes choses sans rien fixer, elle avait vingt-deux ans, bien qu'on lui en eût donné davantage tant était grande la lassitude molle de tout son être avachi.

Lui, paraissait plus jeune : il avait de grosses mains rouges et tenait dans l'une d'elles des gants blancs affreusement maculés de taches grises. Il était maigre. Le chapeau de carabinier, — chapeau à plumes de coq, — renversé sur l'oreille lui donnait un petit air gaillard, irrésistible. Sur ses bottes cirées avec soin, les lueurs rouges de l'horizon en feu se jouaient. Il fixait hardiment la grosse fille, le sang bouillant aux tempes, l'œil allumé de braises, la face crevassée d'un large sourire heureux.

Tout à coup, la nourrice s'écria furieuse :

« Ici, Georges !... Ici !... »

Un gamin de quatre ou cinq ans se dirigea de son côté, d'un pas traînard, avec des regards en dessous, prêt à pleurer. Il s'appuya des reins contre la voiture, tenant d'une main un grand cerceau et faisant de l'autre de petits signes à ses amis que leurs mamans ou leurs bonnes emmenaient l'un après l'autre.

— «... Et maintenant tu vas rester ici, ne plus bouger, ajouta-t-elle d'une voix mauvaise ; ou je cogne. »

Puis, s'adressant au militaire :

— « Ça ne vous cause que des ennuis, les enfants ! »

Il ne répondit pas, tortillant toujours sa grosse moustache.
Alors elle ajouta :

— « Il fera froid, cette nuit !... »

Le militaire murmura :

— « Oui, madame, il fera froid. »

Un silence se fit !

Maintenant une brise perfide soufflait, donnant sur la figure
la sensation de chiquenaudes. Il faisait presque nuit. Partout
la solitude.

Le bébé, tout à coup, éveillé au fond de sa voiture, se prit
à tousser, faiblement.

— « Bon ! il ne manquait plus que ça ! s'écria la nourrice..
Il est temps que je rentre à présent. »

Et comme elle se levait, d'un mouvement brusque secouant nerveusement sa mantille qui s'arrondissait autour
d'elle, trop large ;

— « Pardon, madame, fit le jeune militaire, mais il me
semble... à votre accent... Ne seriez-vous pas des environs
d'Audenarde ? »

— « Si, » — répondit-elle, en se laissant retomber aussitôt
sur le banc, intriguée, un sourire bête sur les lèvres, reprise
de son désir constant de parler. — Je suis d'Etichove. »

Ils étaient du même pays, avaient des amis communs : ils
se mirent à causer, avec cette incohérence, cette volubilité
de paroles inhérente à la nature même de l'homme du peuple, ce perpétuel sautillement d'une pensée à une autre.

Cependant, le petit Georges se demandait dans sa cervelle
vide d'enfant pourquoi la bonne ne les reconduisait pas chez
eux : il faisait chaud, là-bas !... Il n'osait le lui demander, la
regardant de ses grands yeux, pleins d'étonnement, assise à
côté d'un homme qu'il ne connaissait pas. Il tremblait de
peur et de froid.

Il faisait nuit, — nuit close, fuligineuse, chargée de tristesse. Un vent aigre sifflait entre les feuillages des vieux
arbres, poussait avec colère son haleine sourde et mauvaise.

Dans sa voiture, le bébé toussait plus fort...

Maintenant la nourrice et le militaire s'étaient rapprochés. Ils ne se parlaient plus que par monosyllabes, comme engourdis. Il lui avait passé le bras autour de la taille et l'attirait tout près de lui. Elle, s'abandonnait, riant d'un rire bête, heureuse, alanguie. De temps en temps ils s'embrassaient fadement sur le gras des joues.

La bouche tout près de sa nuque, le militaire glissait dans l'oreille de la bonne des mots, des lambeaux de phrases qui la faisaient se pâmer, souriant d'aise.

.·.

Il y a huit jours que cela s'est passé.

Dans sa couchette de dentelles blanches, — toutes blanches — le bébé repose, plus pâle que les coussins sur lesquels il est étendu. Il se meurt. A chaque instant sa face gonflée, rongée par la fièvre se rougit, — pourpre de sang, — ses yeux s'élargissent pleins d'effroi ; ses bras convulsés se tordent affreusement et une toux sèche déchire sa petite poitrine, — mauvaise, criarde, gémissante. On dirait un long et lugubre aboiement d'un accent hoqueté.

Le docteur vient de sortir, désespéré. Les parents rappelés de voyage, sanglotent dans la chambre à côté, le visage pâli par l'insomnie, l'angoisse, la douleur.

A la lueur vacillante d'une veilleuse, la nourrice dans un coin de la chambre veille près du bébé...

Et elle pense au jeune militaire qu'elle n'a plus revu depuis la première rencontre ; elle pense aux baisers dont il l'a saturée, aux étreintes dont il la serrait si follement :

Et souriant, elle murmure ;

« C'était le soir... »

Bruxelles, le 11 mars 1887.

Messageries de la Presse, BRUXELLES, 16, rue du Persil, 16.
Librairie Universelle, Paris, 41, rue de Seine, 41.
Direction : Bruxelles, 63, rue du Marteau, 63.

GUSTAVE GUICHES

—

LES OMBRES GARDIENNES

—

BIBLIOGRAPHIE

—

GUSTAVE GUICHES, né à Albas (Lot) le 18 juin 1860.

—   •

Céleste Prudhomat (mœurs de province). — Librairie moderne. — Paris, 7, rue Saint-Benoit.

—

L'Ennemi (mœurs de province). — Librairie moderne.

—

Pour paraître prochainement :
Les Ombres Gardiennes.

—

En préparation :

Les Siestes.
Recta.
L'Extase. ·
Le Credo de Bénoit Labre.

LES OMBRES GARDIENNES

L'Amour est une conjonction spiri-
tuelle. — De là vient que tous ceux
qui sont dans le monde spirituel
s'associent selon leurs amours ; —
là même.

EM. DE SWEDENBORG. — *De la
nouvelle Jérusalem.*

Seuls, les parents restèrent au salon et l'expansive cordia-
lité s'éteignit dans un silence méfiant.

— « Si vous le voulez bien, nous allons nous occuper des
questions d'intérêt. »

Ces simples mots avaient impérativement chuté l'enjouement des entretiens et, devant la cheminée à massifs landiers,
le vieillard qui venait de prononcer cette invitation d'appari-
teur silenciaire, s'établit pour discourir. De parole stipulative
et de gestes judicieux, mouvant l'avant-bras, les doigts re-
pliés, le pouce seul debout, ou les coudes écartés, les mains
appaumées ainsi qu'un officiant à la Préface, parfois aussi
jouant avec le baril de corail balançant à sa chaîne de montre,
il évoluait vers l'un et l'autre proche de ceux qu'il nommait
nos futurs et chers conjoints. Tous deux écoutaient, d'une
avide attention. Leurs regards, accoutumés, depuis un demi-
siècle, à ce sourire avec une affection familière, semblaient,
en leur réserve soupçonneuse et défensive, pressentir l'im-
minence d'un conflit. Lorsqu'ils se heurtaient, s'interrogeant,
jamais ils n'avaient si désobligeamment scruté leurs récipro-
ques pupilles et ils s'assignaient, avec une animosité citatoire,
devant la compétence du médiateur dont les paupières se
délectaient dans des clignottements exercés.

En un idiôme insolite, des colloques s'engageaient. Titres au porteur, transferts, consolidés, coupons, usufruit, ces termes inusités déflagraient dans l'exquise tristesse du vieux salon. Des évaluations d'immeubles et des estimations de superficie chagrinaient cette paix légère qu'embaumait la mémoire fanée d'un siècle pastoral. Le mot préciput s'étonna de fleurir sur les lèvres de la mère. Le père riposta par un argument paraphernal. On exhuma le souvenir d'un testament nuncupatif, et le vieillard dont les prunelles caressaient les berquinades effritées farandolant au-dessus des portes, parla de réduire aux aquets une communauté dont la généreuse combinaison affectait ses scrupules professionnels. Puis l'arbitre ayant prononcé : « Voici donc constituées, sauf modifications ultérieures, les bases du prochain contrat, » les visages se déridèrent et une réjouissance de sourires attendris célébra le retour des abandons interrompus.

Devant la fenêtre, une allée de hauts platanes filait d'une large traînée d'ombre, découpant sur le lointain orifice de clarté par lequel l'avenue débouchait sur le jour, la double silhouette des fiancés. La mère écarta les rideaux et, laissant tomber les deux larmes survenues à la pointe de ses cils : « Voyez, prononça-t-elle, nous n'avons pas besoin de les entendre pour savoir s'ils sont heureux ! »

Sous le plafond des futaies, Marcelle et Henri, l'un près de l'autre, marchaient avec une pensive lenteur. La radieuse après-midi d'un dimanche rêvait, pieusement. La plaine déployait ses étendues, sans un frisson. Ni le buste du bouvier émergeant de la houle des herbes, les yeux tendus sur le sillon, entre les cornes de ses bœufs, ni la parabole ardente des bêches, ni le grouillement des bestiaux, ni les grêles complaintes des fileuses bergères pointant la lance des quenouilles cravatées de laine et faisant pirouetter les fuseaux. Rien. Les champs propageaient leur immobilité touffue et chômaient dans la stagnation des ors éteints sur lesquels l'automne arrondissait, biffé par le vol des dernières hirondelles, un orbe de limpide azur. Les montagnes aussi s'endimanchaient de silence. A l'issue de l'allée, des eaux assoupies brasillaient au soleil et des cloches qui sonnaient les vêpres jonchaient les airs de soupirantes oraisons.

Des deux côtés, la colonnade des vieux arbres érigeait ses

obélisques paraphés d'hiéroglyphes, de dates et de noms symboliquement enlacés. Des cœurs ingénus, perpétués par la sève, cicatrisaient leurs plaies, reparaissaient, effacés à demi, sous les écailles de l'écorce éclatée. Infusés dans la vie des arbres, les uns gonflaient de monstrueuses hypertrophies. D'autres s'anémiaient, s'atrophiaient de vieillesse, ne marquaient plus que d'une ligne de rouille leurs contours ravagés et de l'un à l'autre, les centenaires piliers de cette crypte commémorative se renvoyaient ces memento d'amour.

Désignant un banc de pierre, rougeâtre comme la plateforme d'un dolmen, Henri demanda :
— « Marcelle, voulez-vous que nous nous reposions ?
Elle acquiesça d'un signe de tête et, serrant sa robe, elle s'assit, près de lui. Le rapprochement de leurs traits établissait entre eux une synonimie presque consanguine. Même apparence d'âge, — encore l'adolescence, — même suavité d'âme dans l'expression de leur fin visage signé d'idéal et, dans leurs yeux, même comtemplative ardeur. Plus intense pourtant la flamme qui luisait au fond des prunelles de la jeune fille. Plus active et plus douce, de l'éclat fixe d'une lampe pensile, elle reculait le regard sous l'arceau des sourcils. Foncé par l'abat-jour du chapeau de paille, le front s'amoindrissait monastiquement enserré dans les bandeaux noirs des cheveux et sur la lèvre, une goutte d'ombre tremblait.

Le roulement d'une voiture leur fit simultanément retourner la tête vers le chemin et reconnaissant l'alerte vieillard qui venait de présider à la discussion des intérêts respectifs, Henri murmura : « Ainsi nous sommes fiancés, par la volonté de nos familles. » — Puis, comprimant ses tempes entre ses doigts :
— « Écoutez, Marcelle, tout ce qui vient d'être dit entre nos parents, vous le devinez. Ils ont résolu notre mariage. Ils en ont sans doute fixé l'époque, impatients de réaliser ce qu'ils croient être notre bonheur. Ils ne nous ont pas consultés ; ne pouvant attendre de notre part la moindre résistance au plus cher et au plus juste de leur désir. Hé bien, Marcelle, je dois vous le dire, je vous le dis, sans crainte puisque notre enfance m'autorise à vous parler comme à une sœur, il faut que nos parents renoncent à ce qu'ils veulent

accomplir. Je ne veux pas vous dire que je serais sûr du bon-heur avec vous, sûr de notre bonheur. Vous savez aussi que la fortune m'inquiète peu. D'ailleurs notre désintéressement ne nous ferait-il pas aussi riches l'un que l'autre? Mais je suis à jamais séparé de vous par une promesse faite à moi seul, dans le secret de mon âme. Je suis fiancé. »

Sans le voir, il sentit le regard de la jeune fille se béatifier et leurs âmes se pénétraient en une si lucide intuition qu'il discerna dans le tremblement qui l'agitait, le tressaillement d'une suprême joie.

Alors, les yeux dans ses yeux, transfiguré dans une extase évocatrice : « Celle que j'aime est une étrangère, dit-il, une Espagnole, une Italienne, peut-être. Elle s'appelle Maria... Maria simplement. Elle est aussi belle que vous, mais elle n'a pas comme vous, le regard ni la voix d'une sœur. Elle a la beauté d'une apparition. Son visage est de ceux qui passent dans les rêves, de ceux devant lesquels, en dormant, il nous semble que nous nous agenouillons, les bras ouverts, les lèvres tendues et qui nous considèrent, sans bouger, en sou-riant toujours...

D'un égal enthousiasme s'émerveillaient les yeux de Mar-celle et l'interrogeant, elle demanda :

— « Pensez-vous la revoir ?

— » La revoir ? La revoir !... » Il joignit ses mains. Quel-ques instants, ses regards s'immobilisèrent, désespérés, devant la barre de l'horizon. Puis secouant la tête :

— » Je ne sais, murmura-t-il. Je veux mourir dans cet espoir... Je l'ai vue au théâtre, à Bordeaux, à ma première et unique sortie de la maison. Il me sembla que nous nous connaissions depuis bien longtemps et que nous nous retrou-vions, après un très long voyage. Elle était entourée de messieurs à cheveux blancs qui l'appelaient Maria et ouvraient devant elle des bonbonnières en écailles. Ils la tutoyaient... des parents sans doute. Mais ses yeux se fixèrent sur moi, des yeux d'encre qui semblaient grandir quand on les con-templait et elle me souriait, si pâle, les lèvres si rouges entr'-ouvertes, sans un mouvement. Son bras était posé sur le rébord de la loge et je lui vois un bracelet d'or, sans reflet, fermé d'une pierre verte, une malachite, je crois... Mon Dieu !... la revoir !...

» Et qu'importe ! ma pensée sait bien la retrouver et je suis sûr que malgré la distance, certainement infranchissa-ble, qui nous sépare, je suis près d'elle, comme elle est près de moi... Ainsi nous nous aimons et nous sommes fiancés. »

Marcelle avait baissé ses paupières. Tournant sur ses doigts, la touffe de rubans grenat noués au manche de son ombrelle :

— « Moi aussi, soupira-t-elle, je suis fiancée. Comme vous, je crois, je suis sûre qu'*il* pense à moi. C'est dans ce voyage que j'ai fait à Marseille, avec maman, l'an dernier. Je l'ai vu sur le pont d'un paquebot. Nous nous sommes longtemps regardés et j'ai senti qu'il était le seul que je pusse aimer. Toute la tristesse qu'il y avait dans sa pâleur sembla se dissiper à ma vue et ses yeux, en s'éloignant, restaient attachés aux miens. Quelqu'un cria : « Paul ». Du bout des doigts, il jeta dans l'air un baiser qu'il adressait à la terre, peut-être, mais que je pris pour moi seule. Hélas ! le reverrai-je !... »

D'expression moins exubérante que celle d'Henri, cette déploration frémissante dans les profondeurs endolories de cette âme exceptionnelle. Un silence s'interposa. Puis Marcelle rougissant, affermissant sa voix, qu'à chaque mot elle sentait défaillir, prononça :

— « C'est votre sœur d'enfance qui va... vous supplier, Henri. Nos parents mourraient de douleur, si nous refusions... »

— » C'est impossible, Marcelle. Nous ne pourrons nous donner ce que d'autres nous ont pris.

— » Nous marierons nos tristesses, proposa-t-elle. Nous nous aimerons comme nous pourrons dans la pensée des absents et dans la *fidélité* que nous leur garderons toujours.

— » Je ne l'oublierai jamais, s'écria-t-il.

Elle jura : « Toute ma vie lui appartient. »

Elle déganta sa main et la tendit avec une si rayonnante prière, qu'il laissa tomber la sienne et sanglotant le nom de Maria, il baisa le front de la jeune fille dont les lèvres murmurèrent, avec la ferveur d'une considération à l'éternelle souffrance : « Paul... à toi seul... toujours... »

Les cloches des lointaines églises sonnaient maintenant les carillons du magnificat et leurs volées triomphales qui sublimaient les airs de leurs alleluia, exaltaient cette candide ordination, ce renoncement téméraire qu'ils dédiaient à l'essence d'impérissables sentiments.

La solitude, dans laquelle ils cloîtrèrent hermétiquement leur existence, fortifia leur individuelle contemplation. La maison d'ailleurs s'identifiait à leur recueillement par la tristesse qu'elle dégageait, non pas en ces courants d'air glacés soupirant dans les ruines, mais en cette subtile poussière, en cette volatilisation d'atomes parfumés émanant des élégances d'autrefois. Leurs yeux ignoraient là les clinquantes fantaisies des meubles flagrants d'actualité. Les choses qui les entouraient étaient les disparates survivances de luxes abolis, mais l'expression mélancoliquement délustrée de leur grâce originelle inspirait une tendresse rétrospective et faisait aimer la mort.

Au carrefour de deux chemins, le castelet grisonnait dans la verdure aquatique de ses douves et sous les éboulements d'ombre qui roulaient de l'énorme croupion de la montagne. Dans la cour que traversait, à des instants déterminés, une servante portant une cruche de grès équilibrée sur un turban, des paons crottaient la traîne chatoyante de leur robe, des coqs piaffaient sur place et des canards pèlerins dirigeaient leurs processions vers les cloaques respectés. Accroupis sur les piliers de la grille, des lions de plâtre bâillaient. Les chambres, au-dedans, se multipliaient, ouvertes sur des corridors dallés. Elles étaient plafonnées de hauts lambris et les fenêtres creusaient de profondes cellules dans les murs. Des panneaux de laine torse appendaient des villanelles. Des lits à quenouilles, des lits à pavillon, des lits à baldaquin, à housses et à impériales occupaient les encognures. Sur les cheminées, des pendules empire édifiaient des parthénons de marbre. Des pastels effumés remémoraient des jouissances bucoliques sur les tapis vert-pomme des boulingrins. Des miniatures encadraient des visages parlementaires strictement garrottés par des cravates à multiples tours ; — et une sanguine caricaturait, supputant les chances d'un écart, un joueur de piquet écrasé sous le vaisseau de son chapeau à la française. C'était l'œuvre d'un inconnu, d'un hôte accueilli, dans les temps où la maison ouvrait ses grilles aux passants du chemin.

Parmi ces reliques des défuntes époques, Henri et Marcelle acclimatèrent leurs rêves à l'hospitalité de leurs tristesses. L'un et l'autre, d'un tacite accord, se doublèrent. A côté de chacun d'eux, vécut l'être, occulte, mais qui, pour eux, affirmait sa présence réelle. Leurs paroles semblaient indirectes et leurs regards qui, d'œil à œil, ne s'appesantissaient jamais, scrutaient, d'instinct, leur voisinage et animaient le vide apparent qui les environnait. Pour eux-mêmes, ils avaient de fraternels égards et ils associaient leur

9

amitié dans le culte privé qu'ils consacraient à leurs élus. Aux heures de repas, les seules, — avec celles de la veillée, — qui pussent les distraire du songeur silence qu'ils chérissaient, ils intéressaient leurs illusions à leurs paisibles entretiens. Les phrases qu'ils échangeaient n'étaient pas exprimées pour leur exclusif profit. Elles étaient soulignées d'intentions dont la transparente ferveur leur inspirait de pâles sourires et des soupirs pensivement éplorés. Jamais les noms de ceux qu'ils aimaient n'étaient prononcés entre eux. Les nommer, n'eût-ce pas été les renier ? — et lorsque les instantes sollicitations de leur pensée attristaient leur enjouement, ils se séquestraient dans une même abstraction, accoudés au bras de leurs fauteuils, face à face, devant les braises mourantes du foyer. — Et ainsi leur affection, loin de s'attiédir, se nouait, plus indissoluble, dans l'union parallèle et inviolée de leurs sentiments.

Escaladant les montagnes, aux aubes chasseresses d'automne, battant les plaines calcinées de soleil où les torpeurs d'été alourdissaient le vol des cailles dans les sarrazins, il s'adjoignait la radieuse société de Maria. Au plus enfoui des bois, dans la nuit des feuillées où sourdent des fredonnements d'invisibles fontaines et des caracoulements de ramiers, il l'évoquait en une souveraine arrogation et les enchantements qui le pénétraient lui interdisaient, comme méprisable et décevant, le souhait de la réalité.

Mais, surtout en l'âme de Marcelle, l'obsession s'enracinait. D'une imagination moins prompte, sa contemplation s'illuminait de plus certaines clairvoyances. De race mystique, la méditation, toujours élancée dans la prière vers l'objet défini, lui créait une activité suffisante ; — et elle se sentait enlacée à cet inséparable compagnon par des liens plus infrangibles que l'enchaînement dérisoirement scellé par de précaires magistrats.

Dans les hangars de la cour, elle avait découvert blottie parmi les décombres, une chapelle abandonnée, sans doute depuis d'immémoriales époques. Les dalles qui formaient un damier tumulaire, répétaient des « hic jacet » et des « transitur » avec des noms effacés et des dates corrodées. Un plat de cuivre blasonné restait incrusté dans la poussière, sur la pierre de l'autel. Dans ce reposoir déshérité de culte, Marcelle avait réintégré la primitive consécration, car elle en avait fait le refuge d'une prière dont son amour ne pouvait altérer la pureté.

Elle explorait aussi la maison, à la recherche des choses du passé. Un cartonnier de dentelles exhalant une mourante odeur d'iris lui causa d'inexprimables ravissements, car il y avait d'instinctives affininités entre son âme et ces tissus d'idéal. Avec de tendres précautions, elle étalait les vaporeuses toiles, les Alençon, les Argentan, les Bruxelles, les solennelles Venise, l'éventail des « pouces de roi », les frivoles jabots et les guipures d'église, les tavaïoles sacerdotales et les rochets de Malines et de Gênes, légués par un prélat missionnaire, archevêque de Persépolis. Elle jetait ses gazes sur sa tête, les roulait autour de son cou, les revêtait comme des aubes, les tordait en écharpe et marchant d'un pas plus léger, elle souriait, au fond des glaces à son reflet ébloui dans ces baptismales blancheurs.

Leur vie s'isolait insensiblement de toute extérieure agitation. Elle rayonnait sur leur visage immergé d'extase et autour d'eux, dans la société muette des ombres chères, les anges gardiens de leur humanité. Le monde avoisinant avait circonscrit le château en un lazaret de mystère et plus un visiteur ne franchissait la grille de la cour. Épouvantés par des influences dont ils ne pouvaient définir la nature, les jeunes serviteurs gagnaient les champs. Il ne resta qu'un couple avare et taciturne de gens âgés.

.·.

De graves procès arrachèrent Henri aux sérénités méditatives, jalousement encloties dans les murs du castelet. Il dut, sommé par d'impérieuses convocations, se résoudre à de longues absences. A mesure qu'approchait le jour fixé pour son départ, son attente se tourmentait d'une indéfinissable impatience et d'une angoisse faite de confus pressentiments. C'était sa première excursion dans la vie, sa première évasion de ce périmètre spirituel que lui faisait chérir, — à côté de l'affectueuse compagnie de Marcelle, — la créature dont il s'était approprié l'incomparable idéal. Il connaissait le charme véridique de la solitude natale et il avait la méfiance du dehors, de cette atmosphère inexplorée qui bloquait son domaine et s'épaississait, pour lui, bien avant l'horizon.

A l'instant de la séparation, Marcelle, en serrant les mains d'Henri, prononça, d'une voix qui luttait avec des larmes :

« Vous *nous* écrirez, n'est-ce pas ? »

Il tressaillit. C'était la première fois qu'elle définissait la

démarcation de leurs existences et qu'elle prononçait l'irrévocable union de la sienne avec celle de *sa pensée*.

Il répondit d'un signe muet au sourire interrogatif dont
elle accentua ces mots, — et de la voiture roulant sur la
grande route, il regarda la silhouette de la jeune femme fondre dans les pâleurs astrales qui, parmi la nocturne obscurité, découpaient, comme un archipel de phosphore, le
gerbier de tourelles fusant de la masse des toits.

∴

Au retour de son premier voyage, lorsque dans la cour, il
sauta lestement du phaéton qu'il conduisait, Marcelle, sou-
dainement interdite, comprima l'élan fraternel qui la poussait vers lui. Mais avant qu'elle eût pu se soustraire à ses
bras, il l'étreignit en un fauve emportement de passion. —
« Oh ! Marcelle ! ma chère femme, répétait-il, je suis heureux, heureux de vous revoir ! »

Aussitôt, il lui parla du résultat inimaginable de ses négo-
ciations.

« Notre procès est enfin gagné ! Et ce n'était pas, je vous
l'assure, de minces intérêts qui se trouvaient en jeu ! Toute
cette succession légitimée par « *l'intestat* » nous revient
dans sa totalité. Ce sont des millions qui croulent sur nous...
Ah ! notre vie va changer !... Comme c'est triste ici !... »

Il avait pris le bras de Marcelle et il sentait les doigts de la
jeune femme froidir et trembler sur son poignet. Elle le considérait dans un indicible égarement. Ce n'était pas une
transformation, mais une dénaturation qui s'était faite en
lui. Une jeunesse, — non plus radieuse des effusions de la
pensée, — une santé musculaire, une irruption de sang
saccageaient les candeurs antérieures. Le pillage de l'âme
était mis à nu, joyeusement affiché. Vainement elle chercha
près de lui l'ombre familière de Maria, et l'étrange gaieté
dont elle le sentait vibrer lui suggéra l'impression, à la fois
cruelle et triviale, de la réjouissance grossièrement prématurée d'un veuf.

« Ah ! oui, reprit-il, notre vie va changer ! Je vais sans
délai, prendre mes mesures pour restaurer notre maison
comme il convient. Vous inspirerez mes travaux. Vous
choisirez, vous-même, les tentures. Vous me direz vos bibe-
lots, vos meubles préférés. Je veux que nos architectes et nos
tapissiers réalisent toutes vos fantaisies... Vraiment les

voyages sont utiles, tant à la santé qu'à l'esprit. Il fait bon se retremper dans la vie... »

Puis prenant les mains qu'elle lui abandonnait, inertes :

« Vos journées devaient se passer, bien tristes, dans cet isolement ?... »

Elle se recula, presque violemment et, d'une voix qui s'efforçait de maîtriser un tremblement de colère, elle accentua :

« *Nous* pensions à vous. »

Une immédiate stupeur abattit sa jubilation. Mais il ne s'attarda pas dans cette impression chagrine dont sa bonne humeur s'était, un instant, senti déconcertée, et riant, comme au souvenir d'une amusante aventure :

« Comment ! s'écria-t-il, vous n'êtes pas encore réveillée de votre rêve ! Vous vivez toujours dans vos nuages ! Ah ! je comprends... Il faudra que vous voyagiez, ainsi que je viens de le faire moi-même. C'est l'infaillible remède pour ces sortes d'affections. Ce n'est qu'en se mêlant au mouvement des villes que l'on comprend l'ennuyeuse stérilité des rêveries sur place.

— » Et le mépris des serments », déclara-t-elle avec une telle profondeur d'amertume, qu'involontairement, il frissonna. Mais une foi nouvelle le transportait. Une volonté brutale l'armait contre toute objection et, haussant les épaules :

— » Des puérilités ! des extravagances de sentiment ! Le véritable serment, celui qu'il faut tenir, nous l'avons fait à la loi. Nous l'avons fait à Dieu qui nous commande de nous aimer selon le cœur et selon la raison. Je ne veux pas en connaître d'autre. Nous sommes déjà bien coupables d'avoir méconnu le bonheur qu'il avait mis à portée de nos désirs. C'est blasphémer la vie que d'aimer les fantômes ! Et quelle est-elle cette créature que je poursuivais, en songe, d'une si ridicule adoration !... Cette hallucination s'est beaucoup trop prolongée. Maintenant je proteste contre elle de toute la révolte de ma jeunesse. J'ai le droit de vous aimer, Marcelle, et je défendrai ce droit, même contre votre pensée... »

Le buste de la jeune femme oscillait aux souffles de cette passion grondante. Sa pâleur demandait grâce et l'éclat brouillé de ses prunelles décelait de mentales confusions. — Il s'était rapproché. D'impatients regards, il caressait ces traits idéalisés, en solidifiait la trame aérienne. Les particu-

larités d'une beauté jusqu'alors ignorée se révélaient, une à
une, par gouttes d'enchantement, si près de son oreille qu'il
faisait voleter des frisures de fins cheveux il murmurait :
« Nous serons heureux. La vie se fait belle pour nous recevoir. Soyons l'un à l'autre... »

Son bras s'arrondissait autour de la taille de Marcelle,
mais, avant que cette pression la pliât sur ses hanches, elle
s'était redressée d'un irrésistible effort. Debout, les pupilles
fixes et désertées par le regard, elle désigna, près d'elle, ce
vide dont, pour lui, les hôtes avaient disparu et, mettant un
doigt sur ses lèvres, elle marcha vers sa chambre, avec une
sûre lenteur.

.·.

Elle essaya de prier ; mais, désorientée, sa prière n'allait
pas à Dieu. Elle bifurquait à mi-chemin, galopant vers celui
qui *devait* accourir enfin, se manifester, rompre ce mutisme
dont la persistance serait, maintenant, une indéniable trahison.

« Les ombres ne sont pas parjures... » Un sursaut d'épouvante la releva sur son lit. Était-ce elle même qui, sommeil-
lant, avait murmuré cette réponse à la supplication de sa
propre pensée ? Cette phrase consolatrice, — elle en acqué-
rait de seconde à seconde, une plus précise certitude, —
avait été chuchotée par d'autres lèvres que les siennes.

Elle avait d'ailleurs senti la tiédeur d'un souffle et, sur les
paupières, comme l'effleurement d'une main de duvet. Alors
son âme s'épanouit, magnifiée dans sa croyance. Il était près
d'elle : sa présence lui avait été révélée. Une vision nuptiale
illumina ses yeux. La chambre s'irradiait de blancheurs, vapo-
risée de dentelles qui ennuageaient leur extase et il était à ses
genoux, accouru de lointaines contrées, passant glorieux à
travers les dangers des distances, accourant des extrémités du
monde, parce qu'en la réflexion de son âme, il avait vu cou-
ler les larmes des yeux qu'il adorait. Les noces s'étaient
célébrées. Et ils étaient seuls, oubliant, dans la première minute de leur isolement, les souffrances muettes de la séparation. Elle regardait autour d'elle, souriant aux choses qui
l'environnaient, — mais le craquement d'une planche la
secoua d'un brusque frémissement. Aussitôt, elle éprouva
l'angoisse d'un péril voisin. Les yeux subitement dessillés
avaient, d'un seul regard, dispersé la vision. L'oreille tendue,

elle percevait le glissement d'un pas, un arrêt étouffé dans les portières extérieures. Elle devinait des hésitations, puis la marche reprenait, tâtonnante, s'assourdissait enfin dans l'éloignement des corridors. Un silence houleux s'engouffrait dans son cerveau, y soufflait des courants d'air brûlant, fracassait les idées, déchainait des tourbillons de fantasmagories, cognait aux parois de ses tempes, ouvrait des abimes, secouait des cloisons, s'immobilisait en un gémissement continu. Deux visages passaient, repassaient, évoluaient devant elle, sans que, les reconnaissant, elle pût démêler leur personnelle identité. Deux noms aussi vrillaient ses tympans, chantonnaient leurs syllabes sans qu'elle pût adapter à ces appellations obsédantes les deux êtres qu'elles désignaient et figée dans l'embrasement de son corps, à la surface glacée de moiteurs, elle écoutait le tumulte de ses artères qui répercutaient comme un battement de marteaux s'évertuant à démolir sa raison.

. .

« Souffrez-vous, Marcelle ?... J'ai consulté le docteur qui m'a d'ailleurs pleinement rassuré. De la faiblesse générale, un peu d'anémie par suite d'un manque prolongé d'activité. Il a prescrit des fortifiants et surtout un traitement moral, des distractions, du rire, du mouvement, tout ce qui vous a, jusqu'ici, fait défaut. Je veillerai moi-même à l'observation de ce régime. Vous serez bien docile, n'est-ce pas ? Il faut que vous repreniez des forces, que vous guérissiez sans retard. »

Il tourna son regard vers elle. Sa main fluette serrait la mantille de dentelle blanche qui s'enroulait autour de son cou et elle marchait près de lui, souriant dans une expression d'enfantine gaieté.

« A la bonne heure ! s'écria-t-il, les yeux brillants de joyeuses lermes. Vous souriez ! C'est le soleil. Les vilains jours s'en vont. Nous allons être heureux, vous verrez. Est-ce que vous ne ressentez pas l'impatience de voir des pays nouveaux ?... Non, vous ne pouvez pas encore... vous ignorez... et par ma faute, car c'est moi qui suis coupable, mais vous me pardonnerez, Marcelle, j'inventerai des prodiges pour mériter votre pardon. »

Il s'était arrêté, incapable d'avancer, immobilisé de bonheur. Il regardait les alentours comme s'il conviait les choses à l'extraordinaire réjouissance qui bondissait en lui. La jeune femme arrachait des tiges de folle avoine qu'elle emboîtait soigneusement les uns dans les autres et qu'elle décapitait, riant, d'un rapide revers de main.

« Aussitôt que vous serez remise, déclara-t-il, dans quelques semaines, dans quelques jours, nous partirons pour Nice. Venez, Marcelle, là, asseyons-nous, parlons de nous, de nous seuls, faisons des projets.... »

Il l'entraînait rayonnant, vers le banc de pierre sur lequel ils avaient scellé d'un serment, les fiançailles de leur pensée. Une après-midi d'octobre rougeoyait sur les champs. Des bandes de « rechercheurs » dispersés dans les vignes échenillaient les souches, glanant les grappes grummeleuses oubliées sur les pampres. L'air frissonnait en des grésillements de feuillages et répétait des graillements d'oiseaux voyageurs dont les convois angulaires ramaient vers le couchant.

Il avait pris la main de la jeune femme, en pressait les doigts, un à un. Elle eut un léger cri de surprise et, tirant à elle, l'annulaire d'Henri, elle examina l'alliance, curieusement. Il ôta la bague et la mit avec une souriante complaisance dans la main de Marcelle : « Et vos toilettes ? demanda-t-il. Avez-vous songé à elles ? Je les veux merveilleuses. Je veux que ceux qui vous verront soient fascinés et je ne serai vraiment heureux que s'ils sont jaloux de moi. »

Sans répondre, elle considérait attentivement l'anneau d'or, le noyait dans un rayon de soleil coulant des hauts branchages et toute sa pensée se tendait dans une ardente fixité sur cette parcelle de métal qui scintillait à la pointe de ses doigts.

D'abord, il n'avait pas remarqué ce silence. Il se sentait lui-même si pleinement heureux qu'il n'avait vu dans l'attitude de la jeune femme que l'expression d'un recueillement charmé. Sa distraction même l'avait ravi, comme une coquetterie d'aveux agitée à la façon d'un éventail devant la rougeur d'une émotion. — Mais la singulière obstination de ce mutisme déconcerta son exultation.

« Vous vous taisez ? prononça-t-il, en serrant affectueusement le bras de Marcelle. Ce que je viens de vous dire vous a-t-il déplu ? »

Il épiait une protestation. Elle ne répondit pas. Elle ne paraissait même pas sentir la main d'Henri qui, maintenant, lui meurtrissait la chair, les phalanges contractées par une inquiète crispation. Elle courbait la tête, rapprochait ses yeux de la bague, ainsi que pour déchiffrer une écriture illisible et elle exprimait une projection suprême de toute sa volonté, un acharnement désespéré de sa réflexion à la résolution d'un insoluble problème. — D'un geste fébrile, il essuya la sueur qui affluait à son front. Une terrible angoisse lui poignait le cœur.

« Marcelle ! supplia-t-il, répondez-moi. »

Elle tournait lentement l'alliance, s'appliquait à lire l'inscription circulaire. — Se rapprochant de son oreille, il accentua, avec la netteté décisive d'une injonction : « Marcelle, regardez-moi. »

Pas un tressaillement ne dérangea son attention. Il l'entendit épeler, en un murmure distinct : « *H-e-n-r-i-Paul.* » Elle battit des mains. Des convulsions de joie la secouaient, la faisaient trépigner et tout à coup, enlaçant Henri, jetant aux lèvres qui se reculaient, ses lèvres brûlées de fièvre, elle sanglota : « Paul, c'est toi Paul... ma vie... le seul que j'aime... » Elle s'efforçait de l'attirer à elle, de le mettre debout, de l'emporter dans son délire. — « Mais viens donc, mon Paul... Fuyons... Devant nous... Dans les nuages... L'autre va venir... celui que je hais... Suis-moi... Et rassemblant ses jupes, elle s'éloigna, criant encore, la voix avinée de folie.

Il la regardait fuir comme une vapeur au-dessus des herbes. Il écoutait de l'irrévocable démence de rire qui s'assourdissait dans l'approfondissement de l'avenue et il riait presque, lui-même, tant il souffrait.

GUSTAVE GUICHES.

LIBRAIRIE NOUVELLE. — Bruxelles, 2, Boulevard Anspach, 2.
LIBRAIRIE UNIVERSELLE. — Paris, 41, rue de Seine, 41.
DIRECTION : Bruxelles, 62, rue du Marteau, 62.

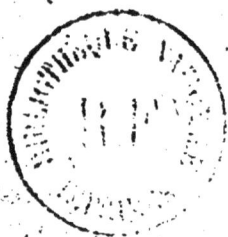

PAUL COMBES

—

AU GRÉ DE L'ONDE

—

A UNE COQUETTE

—

BIBLIOGRAPHIE

PAUL COMBES, né à Paris, le 13 juin 1856.

Bibliothèque Gilon, à 60 centimes le volume :
BLEU DE CIEL ET PERVENCHETTE. 1881.
LES IDÉES D'UN VIEUX RAT. 1882.
CONTES D'UN APOTHICAIRE. 1882.
CAGE DORÉE. 1883.
LES DEUX PÔLES DE L'INFINI. 1883.
LE DARWINISME. 1883.
LE MERVEILLEUX DANS LA NATURE. 1884.
ERNEST GILON. 1884.
L'ANE A TOMY. 1884.
NOS COUSINS LES ANIMAUX (couronné). 1885.
LE HANNETON. 1885.
LES SYSTÈMES DE VOTATION DES PEUPLES LIBRES. 1886.

UN VERRE D'EAU. 1 vol. illustré. *Office de Publicité*, 1884. 60 centimes.
RAYON DE SOLEIL. VOYAGE A TRAVERS L'UNIVERS. Parent. Bruxelles, 1883. 60 centimes.
VOYAGES SOUTERRAINS. Parent. Bruxelles, 1884. 60 centimes.
LA ROSELIÈRE. MŒURS ET TRIBULATIONS DES HABITANTS DES EAUX. 1 vol. in-4°. 100 dessins. Ducrocq. Paris, 1886. Broché, 5 francs. Relié, 8 francs.
LA MONTAGNE BLEUE. Ducrocq. Paris, 1887. Broché 5 francs. Relié, 8 francs.
LE TROU DE L'ENFER. Blériot. Paris, 1886. 2 francs.

Sous presse :

L'ÉCOLE BUISSONNIÈRE. SOUVENIRS D'UN CHASSEUR D'INSECTES. Picard. Paris.
LE CRANE DE MON ONCLE. Dillet. Paris.
LA REINE DES CHAMPS D'OR. Edinger. Paris.
LES CIVILISATIONS INCONNUES. Furne et Jouvet. Paris.

AU GRÉ DE L'ONDE

———

I

Mon plus grand plaisir était d'aller, tous les matins, lire quelques pages de l'*Art d'aimer* d'Ovide, sur les rives ombreuses de la Reliane, affluent du Cher.

J'en aurais eu un plus grand encore à mettre en pratique cet art divin avec la blonde Jeanne, la fille du meunier de Frépignon, mais la mutine déjouait toutes mes tentatives avec un air candide où il entrait certainement plus de science féminine que d'innocence.

Obligé de m'en tenir provisoirement à la théorie, bien loin d'abandonner la partie, je n'en faisais que plus assidûment, tous les jours, ma promenade matinale jusqu'aux abords du moulin, en compagnie de mon poète favori, que je consultais comme un oracle.

A science, science et demie. Ovide est un maître expert en ces matières, et j'étais — je suis toujours — un de ses plus ardents disciples. Nul n'a mieux exposé les principes de la stratégie amoureuse, de l'attaque et de la défense des places... faibles. « Toutes sont faibles ! dit-il. Si elles font mine de résister, temporisez, comme le prudent Fabius. Guettez une occasion, et tôt ou tard, le hasard et l'amour vous feront arriver à vos fins. »

Je temporisais donc et je guettais.

II

C'était par une splendide fin d'été.

Les matinées étaient délicieuses.

Dès l'aube, je me mettais en campagne. Je prenais plaisir à voir les objets se dessiner et se colorer peu à peu à travers la lumière diffuse.

La rosée bleuissait la surface des prairies. Pour les éviter, je faisais un détour, et gagnais le bord de la Rellane en descendant le long de pentes boisées.

Sous le couvert, régnaient une fraîcheur humide, pénétrante, un silence profond, un faux-jour mêlé d'ombre. Déjà quelques feuilles jaunies jonchaient le sol, où mes pas éveillaient d'étranges sonorités.

Au premier rayon de soleil, tout se transfigurait. La

feuillée, jusqu'alors d'un gris uniforme, se chamarrait de
milles teintes variées. Des faisceaux lumineux la trouaient çà
et là, zébrant le sol de longues traînées blanchâtres. Tout
s'animait. Les oiseaux, au réveil, épluchaient leurs ailes en
pépiant ; un écureuil, perché en équilibre sur la branche
flexible d'un noisetier, laissait choir avec bruit des éplu-
chures vides des fruits qu'il grignotait, un lézard s'enfuyait
sous les feuilles sèches frissonnantes; de brillants insectes
carnassiers rôdaient çà et là en quête d'une proie.

Bientôt le voisinage de la Reliane s'annonçait par la
molle rumeur des ondes. Les bruits de grelots des ruisselets
se mêlaient aux chuchottements des cascades et aux murmures confus des vagues refoulées.

Aux sentiers moussus faisait suite une grève de sables
micacés. C'est là que j'ouvrais mon livre, à l'ombre des
aulnes et des charmes, disant à demi-voix les vers suaves du
poète des *Amours*, bercé par le ramage des fauvettes et des
mésanges, et pensant à Jeanne que j'espérais entrevoir en
arrivant près du moulin.

III

Un jour, au bord de la Reliane, j'aperçus une barque
de pêcheur, retenue à la branche d'un aulne par une simple
cordelette.

Sans me donner le temps de la réflexion, je montai dans la barque et détachai la corde.

La nacelle, — comme disent les poètes, — dériva aussitôt, s'éloigna du bord et suivit le fil de l'eau.

Alors seulement, en batelier novice,

Qui n'avait jamais navigué,

je m'aperçus que mon embarcation était dépourvue d'avirons.

Je mesurai d'un regard inquiet la distance qui me séparait du rivage. La Reliane, en cet endroit, était fort large, et la transparence de ses eaux me permit de constater qu'elle était en même temps très profonde. Or, je ne sais pas nager.

Je regardai en amont, en aval. Personne ! Pas une seule branche miséricordieusement penchée en travers du courant à portée de ma main.

Le soleil dorait le feuillage, les oiseaux chantaient à tue-tête; d'une rive à l'autre, des salicaires aux cardamines, voletaient sur leurs ailes de gaze, en décrivant mille circuits capricieux, agrions et libellules.

Et le flot m'emportait, lentement, lentement, — berceur, caressant, murmurant je ne sais quelles rassurantes promesses.

IV

— Tiens ! tiens ! pensai-je. Le courant m'entraîne droit à la chute d'eau du moulin. Si je ne trouve pas préalablement le moyen de mettre pied à terre, dans deux heures environ, je ferai un plongeon héroïque ou ridicule.

« J'aimerais mieux débarquer. Mais... comment !

« Espérons que les gens du moulin m'apercevront à temps pour s'opposer à la catastrophe. Quant à appeler à l'aide,... jamais !... Jè me couvrirais de ridicule aux yeux de Jeanne, et il me faudrait dire adieu à mes espérances amoureuses. Plutôt mourir dans les flots de la Reliane !

Ces réflexions faites, et après m'être assuré de nouveau qu'aucune chance de débarquement ne m'était offerte pour le moment, je me mis à contempler avec intérêt les évolutions des libellules au-dessus des eaux transparentes.

Cette navigation à la dérive n'était pas sans charme. La barque, tournant lentement sur elle-même, présentait à l'effort du courant, tantôt l'avant, tantôt l'arrière, tantôt les flancs, et le paysage se déplaçait circulairement sous mes yeux.

Vus de la Reliane, les rivages revêtaient pour moi un aspect tout nouveau. Leur relief se dessinait mieux ; mille détails, jusqu'alors inaperçus, se révélaient à l'œil. L'onde avait fouillé la berge de la façon la plus capricieuse. Ici, la nappe d'eau dormait paisiblement sur une plage de sable fin ; là, des roches en saillie contrariaient son cours et la couvraient de rides circulaires ; plus loin, une végétation touffue oscillait sous la poussée du courant ; par places, la rive, minée par les eaux, s'était éboulée, et montrait une blessure béante hérissée de racines chevelues.

Dans une anse, les lentilles d'eau et les nénuphars s'étalaient sur un vaste espace. Des grenouilles grises et vertes, aux yeux cerclés d'or, y somnolaient béatement. Le glissement silencieux du bateau ne troubla pas leur quiétude.

Combien j'enviais leur paisible sécurité !

Toutefois, le mouvement de mon embarcation se faisait de plus en plus lent, et il vint un moment où son déplacement fut si insensible, qu'elle me parut immobile au milieu de la rivière.

Je profitai de cet arrêt pour m'étendre de tout mon long sur le dos, au fond de la barque, afin de pouvoir rêvasser à mon aise.

V

Au-dessus de ma tête se rejoignaient les branches des arbres qui s'élevaient sur les deux rives : quelques chênes, des ormes, des châtaigniers, des aulnes, des charmes, des saules, et d'innombrables peupliers.

Au haut de ces derniers, parmi les feuilles vertes ou jaunissantes, apparaissaient comme des taches noires. C'étaient des nids de pies, formés d'un lacis de menues branches sèches.

Plus bas, dans la sombre et épaisse ramure des ormes, des centaines d'oiseaux gazouillaient à qui mieux mieux. Ils m'apparaissaient comme des ombres chinoises, sautant de branche en branche, voletant çà et là, se poursuivant, parfois se chamaillant avec colère.

Soudain, je dus fermer les yeux.

Par une éclaircie du feuillage, un rayon de soleil m'avait ébloui.

Pour obvier au retour de semblable inconvénient, que l'écartement croissant des rives rendait probable, je fis une demi-révolution sur moi-même, et, appuyé sur mes coudes, j'eus le plaisir de me mirer dans la Reliane.

Je ne m'absorbai pas, comme Narcisse, dans cette vaniteuse contemplation. L'onde était si transparente, que les détails du fond attirèrent aussitôt mon attention.

C'était un lit de sable fin, marqueté de cailloux blancs. D'élégantes plantes aquatiques y emmêlaient leurs longues tiges effilées, qui se balançaient mollement aux moindres ondulations de la vague !

De petits poissons gris, brillants, au ventre argenté, se faufilaient à travers ce lacis de végétation, allant, venant, tournoyant, happant une proie invisible pour moi, se disputant quelque débris d'insecte, s'élevant vers la surface, plongeant vers le fond, puis filant tout à coup à la moindre apparence suspecte.

Des êtres bizarres rampaient sur le sable : larves informes de friganes, enveloppées d'un fourreau de débris végétaux ou de grains de sable ; larves carnassières de libellules, aux formes diaboliques, n'annonçant en rien le gracieux névroptère auquel elles donnent naissance ; nèpes cendrées, aplaties contre le sol.

Lorsqu'un rayon de soleil pénétrait jusque dans ces profondeurs, il y allumait mille reflets merveilleux. Le sable s'irisait, les algues prenaient une teinte dorée, les poissons sautillaient avec des scintillements métalliques, et les monstres rampants eux-mêmes s'agitaient avec plus de vivacité.

Bientôt, je fus tellement absorbé par ce spectacle que j'oubliai complètement où j'étais. Ma pensée vaguait je ne sais où, tandis que mes yeux se repaissaient de la fantasmagorie aquatique, des jeux de la lumière, et des évolutions des hôtes de la Reliane.

VI

Un éclat de rire cristallin me tira brusquement de ma rêverie.

Je me redressai, et une vision céleste me fit oublier le reste de l'univers.

C'était Jeanne, debout sur la rive, dans un rayon de soleil. Ses magnifiques cheveux dorés s'échappaient en boucles folles de dessous sa capeline rouge, encadrant à ravir sa mignonne figure rosée, étoilée par ses yeux bleus.

Comme elle était gracieuse avec son corsage de futaine et son jupon court.

Et rieuse !...

Cela l'amusait évidemment beaucoup de me voir « le jouet des éléments ».

Combien je maudissais ma maladroite étourderie !

Si, au lieu de m'embarquer, j'avais suivi tranquillement la rive, j'aurais rencontré Jeanne, venue peut-être là intentionnellement, pour m'encourager un peu, — et je n'étais pas homme à négliger pareil avantage ; — tandis que maintenant la malicieuse enfant pouvait me narguer tout à son aise, hors de portée de mes audaces.

— Eh bien ! fit-elle avec d'autant plus de hardiesse que j'étais plus inoffensif... Vous ne m'offrez pas une place dans votre barque ?

— Ne raillez pas, Jeanne ! répondis-je...C'est encore vous qui m'avez fait faire cette folie.

— Moi ?...

— Oui, vous ! Votre image me poursuit sans cesse, m'absorbe tout entier, et, dans ma distraction...

Je vis qu'elle allait rire plus que jamais.

— Ovide, inspire-moi ! murmurai-je.

Et il m'inspira le divin poète, une idée géniale.

— D'ailleurs, repris-je, ne croyez pas que ce soit tout à fait par distraction que je me suis embarqué sans avirons... Votre indifférence à mon égard me remplit de chagrin, et je me suis dit, en détachant cette barque : « A tout hasard!.. Si je meurs dans cette aventure, ce sera près de l'endroit où vit Jeanne, et peut-être pensera-t-elle quelquefois à moi ! »

Elle me regardait, sérieuse, étonnée, cherchant à deviner le sens de mes paroles.

Soudain, elle pâlit et poussa un cri :

— C'est vrai ! La chute d'eau !

Et je la vis s'enfuir rapidement du côté du moulin, ses longs cheveux flottant derrière elle, sous la capeline rouge.

— Agréable émotion ! pensai-je en souriant. Je ne lui suis donc pas tout à fait indifférent... L'important, c'est que je ne ferai pas le plongeon. Elle est allé chercher du secours.

VII

Il était temps, d'ailleurs.

J'entendais, dans le lointain, le grondement sonore de la chute d'eau. La rivière s'élargissait notablement et le courant devenait plus rapide.

Je sondais du regard les éclaircies de la forêt, m'attendant d'un moment à l'autre, à voir paraître les gens du moulin.

Soudain, un objet mouvant attira mon attention en aval du courant. Puis se dessina une forme humaine manœuvrant une barque. Un rayon de soleil l'éclaira vivement, et un reflet rouge frappa mon regard : la capeline de Jeanne.

C'était elle, la chère enfant, qui venait seule à mon secours. Elle conduisait sa barque, beaucoup mieux que je n'aurais pu le faire moi-même, à l'aide d'une longue perche qu'elle appuyait contre le fond de la Reliane. J'admirais sa taille souple, ronde et cambrée, sa jambe fine arc-boutée contre le bord du bateau, ses petites mains blanches crispées autour de la perche.

Elle arriva bientôt tout près de moi, et s'arrêta, haletante, les yeux brillants, le visage rouge, les cheveux en désordre, belle comme un ange.

— Jetez-moi la corde ! dit-elle moitié souriante, moitié fâchée.

J'obéis. Elle attacha l'une à l'autre les deux embarcations, puis, ressaisissant sa perche, les poussa de conserve vers le rivage.

Ce fut avec un véritable soulagement que je sautai à terre et que j'aidai Jeanne à descendre, après qu'elle eût attaché les barques à une branche.

Je ne lâchai pas sa main, mais la couvris de baisers en murmurant :

— Ah ! Jeanne ! laissez-moi vous remercier !

— J'espère, dit-elle, que vous ne ferez plus pareille folie. Il faut ramener cette barque où vous l'avez prise, et moi je vais rentrer.

Avant qu'il m'eût été possible de m'opposer à son mouvement, elle m'échappa, sauta vivement dans sa barque, la détacha, et poussa au large.

— A demain ! fit-elle avec un divin sourire. Vous me retrouverez au même endroit. Mais ne venez plus en bateau.

A UNE COQUETTE

Oui, madame, je suis poète !
C'est à dire que, par moments,
Je m'emballe, je perds la tête,
Et jette ma raison aux vents.

Dans ces moments, certes, madame,
Je pourrais chanter vos beautés,
Révéler le fond de mon âme,
Et vous dire vos vérités.

Une chevelure splendide
Encadre votre front mignon.
·Par malheur, ce front est plus vide
Que ne l'est votre haut chignon.

J'admire vos boucles d'ébène,
Mais, je suis d'autant plus surpris
Que, jadis, vous étiez châtaine,
Avec de rares cheveux gris.

Votre aspect n'a rien de morose,
Mais c'est votre savante main
Qui fait l'œil noir, la lèvre rose,
Avec le kohl et le carmin.

Vos dents, de rires égayées,
Excitent des propos jaloux.
Puisque vous les avez payées,
Elles sont, certes, bien à vous.

Votre corsage dissimule
Deux frères jumeaux faits au tour,
Si j'en crois ce que chaque émule
Montre de son moelleux contour

Madame, je leur rends hommage,
Et même, en dépit de Caton,
J'oserais plus... mais quel dommage,
Si ce n'était que du coton !

Du coton, soit !... Mais, en revanche,
Aurez-vous, du moins... Non ! Je crains
Que même votre ronde hanche
Ne soit un mensonge... à tous crins !

Pour terminer ce court poème,
Qui célèbre tous vos appas,
Un autre dirait qu'il vous aime.....
Mais moi, je ne vous aime pas !

PAUL COMBES.

TABLE

LIBRAIRIE NOUVELLE. — Bruxelles, 2, Boulevard Anspach, 2.
LIBRAIRIE UNIVERSELLE. — Paris, 41, rue de Seine, 41.
DIRECTION : Bruxelles, 62, rue du Marteau, 62.

ALBUM DE VERS ET DE PROSE

VERS

—

LES FENÈTRES

—

Las du triste hôpital et de l'encens fétide
Qui monte en la blancheur banale des rideaux
Vers le grand crucifix ennuyé du mur vide,
Le moribond, parfois, redresse son vieux dos,

Se traîne et va, moins pour chauffer sa pourriture
Que pour voir du soleil sur les pierres, coller
Les poils blancs et les os de sa maigre figure
Aux fenêtres qu'un beau rayon clair veut hâler.

Et sa bouche, fiévreuse et d'azur bleu vorace,
Telle, jeune, elle alla respirer son trésor,
Une peau virginale et de jadis ! encrasse
D'un long baiser amer les tièdes carreaux d'or.

Ivre, il vit, oubliant l'horreur des saintes huiles,
Les tisanes, l'horloge et le lit infligé,
La toux. Et quand le soir saigne parmi les tuiles,
Son œil, à l'horizon de lumière gorgé,

Voit des galères d'or, belles comme des cygnes,
Sur un fleuve de pourpre et de parfums dormir
En berçant l'éclair fauve et riche de leurs lignes
Dans un grand nonchaloir chargé de souvenir !

Ainsi, pris du dégoût de l'homme à l'âme dure,
Vautré dans le bonheur, où tous ses appétits
Mangent, et qui s'entête à chercher cette ordure
Pour l'offrir à la femme allaitant ses petits,

Je fuis et je m'accroche à toutes les croisées
D'où l'on tourne le dos à la vie et, béni,
Dans leur verre lavé d'éternelles rosées
Que dore le matin chaste de l'Infini,

Je me mire et me vois ange ! Et je meurs et j'aime
-.- Que la vitre soit l'art, soit la mysticité —
A renaître, portant mon rêve en diadème,
Au ciel antérieur où fleurit la beauté !

Mais, hélas ! Ici-bas est maître : sa hantise
Vient m'écœurer parfois jusqu'en cet abri sûr,
Et le vomissement impur de la Bêtise
Me force à me boucher le nez devant l'azur.

Est-il moyen, ô Moi qui connais l'amertume,
D'enfoncer le cristal par le monstre insulté,
Et de m'enfuir, avec mes deux ailes sans plume,
— Au risque de tomber pendant l'éternité ?

LES FLEURS

Des avalanches d'or du vieil azur au jour
Premier, et de la neige éternelle des astres,
Jadis tu détachas les grands calices pour
La terre jeune encore et vierge de désastres,

Le glaïeul fauve, avec les cygnes au col fin,
Et ce divin laurier des âmes exilées
Vermeil comme le pur orteil du séraphin
Que rougit la pudeur des aurores foulées ;

L'hyacinthe, le myrte à l'adorable éclair,
Et, pareille à la chair de la femme, la rose
Cruelle, Hérodiade en fleur du jardin clair,
Celle qu'un sang farouche et radieux arrose !

Et tu fis la blancheur sanglotante des lys
Qui, roulant sur des mers de soupirs qu'elle effleure,
A travers l'encens bleu des horizons pâlis
Monte rêveusement vers la lune qui pleure !

Hosannah sur le cistre et dans les encensoirs,
Notre dame, hosannah du jardin d : nos limbes !
Et finisse l'écho par les célestes soirs,
Extase des regards, scintillement des nimbes !

O Mère qui créas, en ton sein juste et fort,
Calices balançant la future fiole,
De grandes fleurs avec la balsamique Mort
Pour le poëte las que la vie étiole.

BRISE MARINE

La chair est triste, hélas ! et j'ai lu tous les livres.
Fuir ! là-bas fuir ! Je sens que des oiseaux sont ivres
D'être parmi l'écume inconnue et les cieux !
Rien, ni les vieux jardins refletés par les yeux
Ne retiendra ce cœur qui dans la mer se trempe,
O nuits ! ni la clarté déserte de ma lampe
Sur le vide papier que la blancheur défend,
Et ni la jeune femme allaitant son enfant.
Je partirai ! Steamer balançant la mâture,
Lève l'ancre par une exotique nature !
Un Ennui, désolé pour les cruels espoirs,
Croit encore à l'adieu suprême des mouchoirs !
Et, peut-être, les mâts, invitant les orages,
Sont-ils de ceux qu'un vent penche sur les naufrages
Perdus, sans mâts, sans mâts, ni fertiles îlots...
Mais, ô mon cœur, entends le chant des matelots !

SOUPIR

Mon âme vers ton front où rêve, ô calme sœur,
Un automne jonché de taches de rousseur,
Et vers le ciel errant de ton œil angélique,
Monte, comme dans un jardin mélancolique,
Fidèle, un blanc jet d'eau soupire vers l'azur !
— Vers l'azur attendri d'Octobre pâle et pur
Qui mire aux grands bassins sa langueur infinie,
Et laisse, sur l'eau morte où la fauve agonie
Des feuilles erre au vent et creuse un froid sillon,
Se traîner le soleil jaune d'un long rayon.

SAINTE

—

A la fenêtre recélant
Le santal vieux qui se dédore
De sa viole étincelant
Jadis avec flûte ou mandore,

Est la Sainte pâle, étalant
Le livre vieux qui se déplie
Du Magnificat ruisselant
Jadis selon vêpre et complie :

A ce vitrage d'ostensoir
Que frôle une harpe par l'Ange
Formée avec son vol du soir
Pour la délicate phalange

Du doigt que, sans le vieux santal
Ni le vieux livre, elle balance
Sur le plumage instrumental,
Musicienne du silence.

———

QUATRE SONNETS

—

SONNET I

—

Le vierge, le vivace et le bel aujourd'hui
Va-t-il nous déchirer avec un coup d'aile ivre
Ce lac dur oublié que hante sous le givre
Le transparent glacier des vols qui n'ont pas fui !

Un cygne d'autrefois se souvient que c'est lui
Magnifique mais qui sans espoir se délivre
Pour n'avoir pas chanté la région où vivre
Quand du stérile hiver a resplendi l'ennui.

Tout son col secouera cette blanche agonie
Par l'espace infligée à l'oiseau qui le nie,
Mais non l'horreur du sol où le plumage est pris.

Fantôme qu'à ce lieu son pur éclat assigne,
Il s'immobilise au songe froid de mépris
Que vêt parmi l'exil inutile le Cygne.

SONNET II
—

Victorieusement fui le suicide beau
Tison de gloire, sang par écume, or, tempête !
O rire si là-bas une pourpre s'apprête
A ne tendre royal que mon absent tombeau

Quoi ! de tout cet éclat pas même le lambeau
S'attarde, il est minuit, à l'ombre qui nous fête
Excepté qu'un trésor présomptueux de tête
Verse son caressé nonchaloir sans flambeau

La tienne si toujours le délice ! la tienne
Oui seule qui du ciel évanoui retienne
Un peu de puéril triomphe en t'en coiffant

Avec clarté quand sur les coussins tu la poses
Comme un casque guerrier d'impératrice enfant
Dont pour te figurer, il tomberait des roses.

SONNET III
—

Mes bouquins refermés sur le nom de Paphos,
Il m'amuse d'élire avec le seul génie
Une ruine, par mille écumes bénie
Sous l'hyacinthe, au loin, de ses jours triomphaux.

Coure le froid avec ses silences de faulx,
Je n'y hululerai pas de vide nénie
Si ce très vierge ébat au ras du sol dénie
A tout site l'honneur du paysage faux.

Ma faim qui d'aucuns fruits ici ne se régale
Trouve en leur docte manque une saveur égale :
Qu'un éclate de chair humain et parfumant !

Le pied sur quelque guivre où notre amour tisonne,
Je pense plus longtemps peut-être éperdûment
Al'autre, au sein brûlé d'une antique amazone.

SONNET IV

—

Buand l'ombre menaça de la fatale loi
Tel vieux Rêve, désir et mal de mes vertèbres,
Affligé de périr sous les plafonds funèbres
Il a ployé son aile indubitable en moi,

Luxe, ô salle d'ébène où, pour séduire un roi,
Se tordent dans leur mort des guirlandes célèbres,
Vous n'êtes qu'un orgueil menti par les ténèbres
Aux yeux du solitaire ébloui de sa foi,

Oui, je sais qu'au lointain de cette nuit, la Terre
Jette d'un grand éclat l'insolite mystère
Sous les siècles hideux qui l'obscurcissent moins.

L'espace à soi pareil qu'il s'accroisse ou se nie
Roule dans cet ennui des feux vils pour témoins
Que s'est d'un astre en fête allumé le génie.

PROSE

PLAINTE D'AUTOMNE

Depuis que Maria m'a quitté pour aller dans une autre étoile — laquelle, Orion, Altaïr, et toi, verte Vénus ? — j'ai toujours chéri la solitude. Que de longues journées j'ai passées seul avec mon chat. Par *seul*, j'entends sans un être matériel et mon chat est un compagnon mystique, un esprit. Je puis donc dire que j'ai passé de longues journées seul avec mon chat et, seul, avec un des derniers auteurs de la décadence latine ; car depuis que la blanche créature n'est plus, étrangement et singulièrement j'ai aimé tout ce qui se résumait en ce mot : chute. Ainsi, dans l'année, ma saison favorite, ce sont les derniers jours alanguis de l'été, qui précèdent immédiatement l'automne, et dans la journée l'heure où je me promène est quand le soleil se repose avant de s'évanouir, avec des rayons de cuivre jaune sur les murs gris et de cuivre rouge sur les carreaux. De même la littérature à laquelle mon esprit demande une volupté triste sera la poésie agonisante des derniers moments de Rome, tant, cependant, qu'elle ne respire aucunement l'approche rajeunissante des Barbares et ne bégaie point le latin enfantin des premières proses chrétiennes.

Je lisais donc un de ces chers poëmes (dont les plaques de fard ont plus de charme sur moi que l'incarnat de la jeunesse) et plongeais une main dans la fourrure du pur animal, quand un orgue de Barbarie chanta languissamment et mélancoliquement sous ma fenêtre. Il jouait dans la grande allée des peupliers dont les feuilles me paraissent jaunes même au printemps, depuis que Maria a passé là avec des cierges, une dernière fois. L'instrument des tristes, oui, vraiment : le piano scintille, le violon ouvre à l'âme déchirée la lumière, mais l'orgue de Barbarie, dans le crépuscule du souvenir, m'a fait désespérément rêver. Maintenant qu'il murmurait un air joyeusement vulgaire et qui mit la gaîté au cœur des faubourgs, un air suranné, banal : d'où vient que sa ritournelle m'allait à l'âme et me faisait pleurer comme une ballade romantique ? Je la savourai lentement et je ne lançai pas un sou par la fenêtre de peur de me déranger et de m'apercevoir que l'instrument ne chantait pas seul.

FRISSON D'HIVER

—

Cette pendule de Saxe, qui retarde et sonne treize heures parmi ses fleurs et ses dieux, à qui a-t-elle été ? Pense qu'elle est venue de Saxe par les longues diligences, autrefois.

(De singulières ombres pendent aux vitres usées).

Et ta glace de Venise, profonde comme une froide fontaine, en un rivage de guivres dédorées, qui s'y est miré ? Ah ! je suis sûr que plus d'une femme a baigné dans cette eau le péché de sa beauté : et peut-être verrais-je un fantôme nu si je regardais longtemps.

— Vilain, tu dis souvent de méchantes choses...

(Je vois des toiles d'araignées au haut des grandes croisées).

Notre bahut encore est très vieux : contemple comme ce feu rougit son triste bois ; les rideaux amortis ont son âge, et la tapisserie des fauteuils dénuée de fard, et les anciennes gravures des murs, et toutes nos vieilleries ! Est-ce qu'il ne te semble pas, même, que les bengalis et l'oiseau bleu ont déteint avec le temps ?

(Ne songe pas aux toiles d'araignées qui tremblent en haut des grandes croisées).

Tu aimes tout cela et voilà pourquoi je puis vivre auprès de toi. N'as-tu pas désiré, ma sœur au regard de jadis, qu'en un de mes poëmes apparussent ces mots : « la grâce des choses fanées ? » Les objets neufs te déplaisent ; à toi aussi, ils font peur avec leur hardiesse criarde et tu te sentirais le besoin de les user, — ce qui est bien difficile à faire pour ceux qui ne goûtent pas l'action.

Viens, ferme ton vieil almanach allemand, que tu lis avec attention, bien qu'il ait paru il y a plus de cent ans et que les rois qu'il annonce soient tous morts et, sur l'antique tapis couché, la tête appuyée parmi tes genoux charitables dans ta robe pâlie, ô calme enfant, je te parlerai pendant des heures ; il n'y a plus de champs et les rues sont vides, je te parlerai de nos meubles...

Tu es distraite ?

(Ces toiles d'araignées grelottent en haut des grandes croisées).

———

LA GLOIRE

—

« La Gloire ! je ne la sus qu'hier, irréfragable, et rien ne m'intéressera d'appelé par quelqu'un ainsi.

» Cent affiches s'assimilant l'or incompris des jours, trahison de la lettre, ont fui, comme à tous confins de la ville, mes yeux au ras de l'horizon par un départ sur le rail traînés avant de se recueillir dans l'abstruse fierté que donne une approche de forêt en son temps d'apothéose·

» Si discord parmi l'exaltation de l'heure, un cri faussa ce nom connu pour déployer la continuité de cimes tard évanouies, Fontainebleau, que je pensai, la glace du compartiment violentée, du poing aussi étreindre à la gorge l'interrupteur : Tais-toi ! ne divulgue pas du fait d'un aboi indifférent l'ombre ici insinuée dans mon esprit, aux portières de wagons battant sous un vent inspiré et égalitaire, les touristes omniprésents vomis. Une quiétude menteuse de riches bois suspend alentour quelque extraordinaire état d'illusion, que me réponds-tu ? qu'ils ont, ces voyageurs, pour ta gare aujourd'hui quitté la capitale, bon employé vociférarateur par devoir et dont je n'attends, loin d'accaparer une ivresse à tous départie par les libéralités conjointes de la Nature et de l'État, rien qu'un silence prolongé le temps de m'isoler de la délégation urbaine vers l'extatique torpeur de ces feuillages là-bas trop immobilisés pour qu'une crise ne les éparpille bientôt dans l'air ; voici, sans attenter à ton intégrité, tiens, une monnaie.

» Un uniforme inattentif m'invitant vers quelque barrière, je remets sans dire mot, au lieu du suborneur métal, mon billet.

» Obéi pourtant, oui, à ne voir que l'asphalte s'étaler nette de pas, car je ne peux encore imaginer qu'en ce pompeux octobre exceptionnel ! du million d'existences étageant leur vacuité en tant qu'une monotomie énorme de capitale dont va s'effacer ici la hantise avec le coup de sifflet sous la brume, aucun furtivement évadé que moi n'ait senti qu'il est, cet an, d'amers et lumineux sanglots, mainte indécise flottaison d'idée désertant les hasards comme des branches, tel frisson et ce qui fait penser à un automne sous les cieux.

» Personne et, les bras de doute envolés comme qui porte aussi un lot d'une splendeur secrète, trop inappréciable trophée pour paraître ! mais sans du coup m'élancer dans cette diurne veillée d'immortels troncs au déversement sur un d'orgueils surhumains (or ne faut-il pas qu'on en constate l'authenticité ?) ni passer le seuil où des torches consument, dans une haute garde, tous rêves antérieurs à leur éclat répercutant en pourpre dans la nue l'universel sacre de l'intrus royal qui n'aura eu qu'à venir : j'attendis, pour l'être, que, lent et repris du mouvement ordinaire, se réduisit à ses proportions d'une chimère puérile emportant du monde quelque part, le train qui m'avait là déposé seul. »

LE NÉNUPHAR BLANC

J'avais beaucoup ramé, d'un grand geste net et assoupi, les yeux au dedans fixés sur l'entier oubli d'aller, comme le rire de l'heure coulait alentour. Tant d'immobilité paressait que frôlé d'un bruit inerte où fila jusqu'à moitié la yole, je ne vérifiai l'arrêt qu'à l'étincellement stable d'initiales sur les avirons mis à nu, ce qui me rappela à mon identité mondaine.

Qu'arrivait-il, où étais-je ?

Il fallut, pour voir clair en l'aventure, me remémorer mon départ tôt, ce Juillet de flamme, sur l'intervalle vif entre ses végétations dormantes d'un toujours étroit et distrait ruisseau, en quête des floraisons d'eau et avec un dessein de reconnaître l'emplacement occupé par la propriété de l'amie d'une amie, à qui je devais improviser un bonjour. Sans que le ruban d'aucune herbe me retînt devant un paysage plus que l'autre chassé avec son reflet en l'onde par le même impartial coup de rame, je m'étais échoué dans quelque touffe de roseaux, terme mystérieux de ma course, au milieu de la rivière : où tout de suite élargie en fluvial bosquet, elle étale un nonchaloir d'étang plissé des hésitations à partir qu'a une source.

L'inspection détaillée m'apprit que cet obstacle de verdure en pointe sur le courant, masquait l'arche unique d'un pont prolongé, à terre, d'ici et de là, par une haie clôturant des pelouses. Je me rendis compte. Simplement le parc de Madame... l'inconnue à saluer.

Un joli voisinage, pendant la saison, la nature d'une personne qui s'est choisi retraite aussi humidement impénétrable ne pouvant être que conforme à mon goût. Sûr, elle avait fait de ce cristal son miroir intérieur, à l'abri de l'indiscrétion éclatante des après-midi ; elle y venait et la buée d'argent glaçant des saules ne fut bientôt que la limpidité de son regard habitué à chaque feuille.

Toute je l'évoquais lustrale.

Courbé dans la sportive attitude où me maintenait de la curiosité, comme sous le silence spacieux de ce que s'annonçait l'étrangère, je souris au commencement d'esclavage dégagé par une possibilité féminine : que ne signifiaient pas mal les courroies attachant le soulier du rameur au bois de l'embarcation, comme on ne fait qu'un avec l'instrument de ses sortilèges.

— « Aussi bien une quelconque... » allais-je terminer.

Quand un imperceptible bruit, me fit douter si l'habitante du bord hantait mon loisir, ou inespérément le bassin.

Le pas cessa, pourquoi ?

Subtil secret des pieds qui vont, viennent, conduisent l'esprit où le veut la chère ombre enfouie en de la batiste et les dentelles d'une jupe affluant sur le sol comme pour circonvenir du talon à l'orteil, dans une flottaison, cette initiative ; par quoi la marche s'ouvre, tout au bas et les plis rejetés en traîne, une échappée, de sa double flèche savante.

Connaît-elle un motif à sa station, elle-même la promeneuse : et n'est-ce, moi, tendre trop haut la tête, pour ces joncs à ne dépasser et toute la mentale sommolence où se voile ma lucidité, que d'interroger jusque-là le mystère !

— « A quel type s'ajustent vos traits, je sens leur précision, Madame, interrompre chose installée ici par le bruissement d'une venue, oui ! ce charme instinctif d'en-dessous, que ne défend pas contre l'explorateur la plus authentiquement nouée, avec une boucle en diamant, des ceintures. Si vague concept se suffit ; et ne transgresse point le délice empreint de généralité qui permet et ordonne d'exclure tous visages, au point que la révélation d'un (n'allez point le pencher, avéré, sur le furtif seuil où je règne) chasserait mon trouble, avec lequel il n'a que faire. »

Ma présentation, en cette tenue de maraudeur aquatique, je la peux tenter, avec l'excuse du hasard.

Séparés, on est ensemble : je m'immisce à de sa confuse intimité, dans ce suspens sur l'eau où mon songe attarde l'indécise, mieux que visite, suivie d'autres, ne l'autorisera. Que de discours oiseux en comparaison de celui que je tins pour n'être pas entendu, faudra-t-il, avant de retrouver aussi intuitif accord que maintenant, l'ouïe au ras de l'acajou vers le sable entier qui s'est tu !

La pause se mesure au temps de ma détermination.

Conseille, ô mon rêve, que faire.

Résumer d'un regard la vierge absence éparse en cette solitude et, comme on cueille, en mémoire d'un site, l'un de ces magiques nénuphars clos qui y surgissent tout à coup, enveloppant de leur creuse blancheur un rien, fait de songes intacts, du bonheur qui n'aura pas lieu et de mon souffle ici retenu dans la peur d'une apparition, partir avec tacitement, en déramant peu à peu, sans du heurt briser l'illusion ni que le clapotis de la bulle visible d'écume enroulée à ma fuite ne jette aux pieds survenus de personne la ressemblance transparente du rapt de nom idéale fleur.

Si, attirée par un sentiment d'insolite, elle a paru, la Méditative ou la Hautaine, la Farouche, la Gaie, tant pis pour cette indicible mine que j'ignore à jamais ! car j'accomplis selon les règles la manœuvre : me dégageai, virai et je contournais déjà une ondulation du ruisseau, emportant comme un noble œuf de cygne, tel que n'en jaillira le vol, mon imaginaire trophée, qui ne se gonfle d'autre chose sinon de la vacance exquise de soi qu'aime, l'été, à poursuivre, dans les allées de son parc, toute dame, arrêtée parfois et longtemps, comme au bord d'une source à franchir ou de quelque pièce d'eau.

Stéphane Mallarmé.

BIBLIOGRAPHIE

—

Stéphane MALLARMÉ, né à Paris, le 18 mars 1842.

—

— POÉSIE —

Les *Poésies de Stéphane Mallarmé* photogravées sur le manuscrit dénitif, en 9 fascicules, — 1887. — Librairie de la *Revue Indépendante*

— PROSE —

Traduction des poèmes d'Edgard Poe (sous presse).

A PART :

L'Après-Midi d'un Faune, édition originelle avec illustrations de Manet. — 1876 — Edition courante, à la librairie de la *Revue Indépendante,* 1887.

—

Le Corbeau (d'Edgard Poe) traduction, avec illustrations de Manet, 1874.

—

Le reste dans des publications diverses dont la nomenclature est faite par la *Revue Indépendante*

Directeur littéraire : ALBERT de NOCÉE
Bruxelles, 69, rue Stévin, 69.
Librairie Nouvelle. Bruxelles, 2, boulevard Anspach, 2.
Librairie Universelle. Paris, 41, rue de Seine, 41.

CONFESSIONS FÉMININES

PRÉCOCE

Précoce ! Un des premiers mots qui aient résonné à mes oreilles ; je n'en saisissais pas encore la valeur qu'il flattait déjà ma vanité. Quand, debout au milieu du salon, les cheveux libres, la robe courte, une énorme ceinture bleue au-dessous des hanches, je disais avec des intonations longuement apprises, la fable des *Deux Pigeons*, on s'écriait : Quelle enfant précoce ! Plus tard, assise au piano, où j'imitais, avec un maigre filet de voix, l'accent passionné des cantatrices en vogue, je l'entendais encore murmurer discrètement autour de moi. Elle est précoce ! Certes, je l'étais. Comme ces plantes obtenues en serre chaude, j'ai eu une rapide éclosion. Je ne sais pas ce que c'est que d'avoir été enfant, d'avoir pleuré pour des riens, d'avoir ri sans motif. Je n'ai ni sauté à la corde, ni fait des pâtés de sable avec une petite pelle, ni déchiré ma robe, ni taché mes doigts d'encre. A six ans, j'étais parfaitement raisonnable, soucieuse déjà de plaire, de ne pas déranger mes cheveux, ou froisser les volants de mes jupes ; à huit ans j'eus une passion folle pour un artiste qui venait souvent à la maison. Il m'est arrivé de m'évanouir de rage, parce qu'il embrassait les mains de ma mère, ou quand il lui disait qu'elle était la plus belle du monde. Je pâlissais en le voyant, j'avais des frissons étranges ; si, par hasard, il m'embrassait dans mon petit lit de bébé entouré d'une galerie d'acajou, je pleurais, avec la passion d'une femme faite, sur l'indifférence de mon ami. Il faut croire que je ne suis pas née d'humeur constante, un photographe me le fit oublier. Ce nouvel amour fut suivi d'un autre que m'inspira un peintre ; j'atteignis ainsi ma dixième année. Mes parents jugèrent alors que je devais faire ma première communion. On me mit au couvent ; je devins l'idole des religieuses et des grandes. Si mes devoirs laissaient quelque chose à désirer, ma conduite, en revanche, était un modèle de perfection. Je n'ai jamais été punie. Là encore, je fus citée pour ma précoce sagesse.

Je n'ai pas eu ce qu'on appelle l'âge ingrat, j'ai toujours été extrêmement jolie et formée à la perfection. Les petites filles de ma classe avaient toutes les jambes longues et grêles, les pieds trop longs, les mains rouges, les bras démesurés, les traits à peine ébauchés ou déjà trop prononcés ; moi, j'étais une petite femme : des rondeurs, des lignes, des souplesses, un je ne sais quoi d'achevé, qui faisait que les hommes me regardaient avec des gloutonneries de bêtes fauves... Je le sentais, je le comprenais, j'en étais fière.

Je méprisais mes camarades de pension, je les trouvais négligées, brutales, maladroites, je fus heureuse de les quitter au bout de l'année. Je rentrai à la maison définitivement, j'avais douze ans.

Mon père passait toutes les journées dans son atelier. Il n'était pas un artiste *di primo cartello*, mais ses paysages se vendaient bien. Nous menions une existence agréable, beaucoup d'artistes venaient le soir chez ma mère, on jouait, on faisait de la musique, on dansait. J'étais de ces réunions, on me traitait en jeune fille. Mon père trouvait que ma précoce beauté était amusante ; ma mère, adorée de plusieurs hommes, s'occupait peu de moi, ne me grondait jamais, me laissait libre, à la condition expresse de l'être elle-même. Sans qu'elle me l'eût dit, je ne me serais jamais permis d'entrer dans le salon, quand elle y était en tête-à-tête avec Ferni, le grand peintre dont elle était au vu et au su de chacun, la plus vive admiration. Elle ne me l'avait pas défendu, je l'avais compris, j'étais précoce ! En dehors de cela, ma mère s'occupait beaucoup de la maison, gourmandait les servantes, et refaisait ses chapeaux ; elle n'avait guère de loisir, aussi prit-elle une institutrice *à la journée* pour m'enseigner l'anglais, l'italien, l'allemand. J'avais de la facilité. J'apprenais vite. D'ailleurs, je ne voulais être inférieure à aucune femme ; la plupart de celles qui venaient chez nous, étrangères, artistes, femmes lancées, étaient polyglottes. Je trouvais très amusant de pouvoir conjuguer le verbe aimer en plusieurs langues... Un peu musicienne, je saisissais rapidement l'intonation à prendre. Là encore j'étais précoce !

Une après-midi, on me laissa seule à la maison. Ma mère sortie, la cuisinière je ne sais où, la femme de chambre en course, l'institutrice en vacances. Mon père travaillait dans son atelier, au fond de la cour. J'aurais pu aller le retrouver, mais il ne me déplaisait pas de me sentir abandonnée à moi-même ; j'arrangeai des tiroirs, je lus deux ou trois pages d'un livre d'amour que je trouvai sur la table ; ayant vu que l'héroïne, pour se rendre compte de sa beauté, s'était déshabillée devant une glace, l'idée me vint de faire comme elle. Il y avait justement dans le boudoir une énorme psyché, je m'en approchai, et défis d'abord mes cheveux qui roulèrent sur mon dos. En réalité, c'était une admirable toison d'un ton clair, qui devait brunir plus tard ; souples, légers, naturellement ondés, ils brillaient comme de l'or pâle... Je voulus voir leur effet sur mes épaules. Je défaisais ma ceinture, lorsqu'on sonna. Je courus ouvrir la porte, le corsage dégrafé, les boucles éparses ; c'était un ami de mon père... un homme célèbre dans l'univers entier. D'abord étonné de me voir, il me demanda une explication. Je lui racontai en riant qu'étant seule, j'avais défait mes cheveux. Je me tournai coquettement pour les lui faire admirer. Tout d'un coup, il me saisit dans ses bras, me couvre de baisers, n'écoute pas mes cris, m'emporte furieusement, et me laisse un quart d'heure après à demi morte... Ma mère rentre la première, me trouve évanouie sur son canapé, me ranime et apprend de moi ce qui s'est passé. Nous convînmes ensemble de n'en rien dire à mon père ; elle se chargea de la vengeance. Je n'ai pas à la raconter ici, mais si elle ne fut pas à la hauteur de l'offense, cet homme fut cependant cruellement châtié.

Je demeurai malade deux ans... J'avais des peurs nerveuses qui me faisaient pousser des cris soit pour descendre un escalier rapide, soit en voiture, lorsque les chevaux allaient vite. Personne, pas même mon père, ne pouvait m'embrasser sans que je tombasse en convulsions. La vue d'un homme me faisait horreur. Cependant, je me souviens que j'aurais voulu le revoir, lui ; je ne sais pas encore si je l'aimais ou si je le haïssais. C'était très violent ce que j'éprouvais. A mesure que les mois se succédaient, mon impression s'affaiblissait ; ma santé raffermie, j'oubliai tout. Je redevins très jolie, très coquette, très audacieuse. La leçon si terrible ne m'avait laissé aucun profit. Je devais avoir le pardon facile.

Je ne m'occupais exactement que de vanité et d'amour ; tout le reste m'était indifférent. Je n'ai jamais compris, ni les beautés de l'art, ni celles de la nature. Il venait chez ma mère, et je voyais à l'atelier de très grands artistes, je m'en souciais peu. Les œuvres n'existaient pas, la qualité d'être un homme effaçait tout à mes yeux.

J'affolais les gens, on me devinait si précocement perverse, et je savais avec tant d'habileté attirer sur moi l'attention ! Ma mère m'habillait à ravir les sens. Elle me faisait faire de petites robes toutes jeunettes, très vicieuses, une mousseline blanche plaquant sur les hanches, un corsage ouvert comme celui d'un bébé, montrant une gorge exquise de forme. Les cheveux défaits, les yeux mi-clos, les lèvres entr'ouvertes, j'étais irrésistible de volupté.

Il y avait, au second étage de la maison dont nous habitions le premier, une famille de bourgeois honnêtes et rangés avec lesquels nous avions fait connaissance. La mère, étant toujours malade, ne sortait pas de son appartement. Le père et le fils venaient chez nous ensemble. Ils s'aimaient beaucoup. Le père, grand, bien fait, la physionomie encore jeune, l'air souriant, la moustache à peine grisonnante ; le fils, pâle, mince, blond, les yeux ternes, la bouche incolore ; tous les deux s'amourachèrent follement de moi. Cela me plaisait et m'amusait beaucoup. D'une main, je recevais les petits billets qu'Ernest — c'était le fils — m'écrivait chaque fois, tandis que j'abandonnais l'autre aux baisers passionnés de M. Deschamps — c'était le père. — Cette situation double me semblait drôle, je ne négligeais rien pour augmenter leur passion; plus elle grandissait, plus j'étais ravie.

J'étais la maîtresse des deux, — c'est si lointain que j'ose le dire. — Le père m'aimait avec la foi, l'ardeur, la presque chasteté d'un homme très jeune, tandis que son fils montrait déjà dans son amour une sorte de sénilité. Le plus âgé me faisait des vers, où il me comparait aux anges, aux fées, aux étoiles; le second m'écrivait des obscénités; l'un me plaisait autant que l'autre.

Cependant quoique très libre, je ne l'étais pas assez encore, au gré de M. Deschamps. Il me parla de louer un petit appartement, de le meubler gentiment et de m'y recevoir. J'acceptai volontiers. J'allais trois fois par semaine, accompagnée de mon institutrice, prendre une leçon de piano. J'avais le prétexte trouvé pour des absences. Quant à miss Campbell, elle faisait ce que je voulais. Je la bourrais de gâteau de plomb, je lui donnais un livre, je la laissais en voiture, elle m'eût attendu ainsi jusqu'à la fin de ses jours.

L'appartement fut bientôt prêt, il était charmant et j'y fus avec plaisir. Il y avait toujours un excellent goûter, auquel je faisais grand honneur; je me recoiffais promptement, et je rentrais chez moi, sans que personne se doutât de mon équipée. Ernest m'attendait toujours devant la porte de notre maison pour me donner la main, m'aider à descendre de voiture et m'embrasser dans l'escalier. Il voulait m'épouser. J'eus toutes les peines du monde à l'empêcher d'en parler à son père.

Tout cela marchait trop bien. J'ai senti la satiété. Ma tête de seize ans rêvait des amours plus compliquées et plus dramatiques. J'ai toujours aimé l'Ambigu. C'est le seul théâtre où j'aille vraiment pour entendre la pièce. Je jugeai d'ailleurs que le moment était venu de faire un peu de bruit. Ma beauté valait cela; et un soir, sans préparation aucune, je racontai au fils que le père avait fait meubler un appartement pour m'y recevoir, et que j'y allais le lendemain.

Ce pauvre bêta d'Ernest prit cela pour une excellente plaisanterie. Papa amoureux! papa amoureux d'une gamine! Il se tordait de rire, je fus très offusquée.

— Tu n'as qu'à me suivre demain, lui dis-je, tu verras bien si je me vante...

— Bon! je te verrai entrer dans une maison quelconque, aller y retrouver je ne sais qui, mais mon père! allons donc!

— Eh bien, repris-je, viens à trois heures, rue de Douai, n° 108. monte au second étage, sonne à la porte de l'appartement, tu verras...

— C'est bien, j'y serai. Tu veux me faire une fumisterie, nous rirons bien.

Pendant que nous causions ainsi, tous les deux, dans l'an

gle du salon, mon père et M. Deschamps jouaient, tout près de nous, une partie de piquet. Je laissai Ernest seul et vins m'asseoir à côté de mon père, appuyée contre son épaule. M. Deschamps oublia ses cartes pour me regarder... Je le troublais jusque dans le fond de son être. Ma mère, qui s'aperçut de mon manège, d'un geste m'appela près d'elle...

— Laisse donc ce vieux tranquille... qu'as-tu à lui faire tes yeux mourants ?

— C'est pour faire rire Ernest, dis-je tout haut, en voyant celui-ci s'approcher.

Comme on se levait pour partir, j'allai près de M. Deschamps.

— Demain, à deux heures, lui dis-je, en lui tendant mon front à baiser, avec la libre innocence d'une fillette.

— Oui, ma chérie, me répondit-il, demain à deux heures.

Je dormis très bien cette nuit-là, et me levai disposée à jouer mon drame. J'avais fait une toilette charmante. Une robe de surah crême, à petites fleurs roses, une cravate de linon garnie de fines dentelles, un chapeau rond à grandes plumes roses et blanches. Je devais avoir l'air un peu saltimbanque, mais j'étais jolie à croquer... Miss Campbell me le dit, je crus miss Campbell.

A deux heures, j'étais rue de Douai. M. Deschamps avait acheté une magnifique corbeille de fruits, j'en croquai quelques-uns de grand appétit. J'étais gaie, rieuse, amusée... au dernier point. J'avais quitté mon chapeau, il faisait une très grande chaleur... tout à coup la sonnette de l'appartement retentit... M. Deschamps me regarde avec étonnement...

— Quelqu'un qui se trompe d'étage, dis-je avec tranquillité.

— En ce cas, laissons, reprit-il, et soulevant mes cheveux, il les baisa avec passion...

Un autre coup violent et interminable.

— Ah ! çà, qu'est-ce donc ? demanda-t-il inquiet, cette fois ? Il se leva pour aller ouvrir.

Une seconde après, Ernest se précipitait dans la chambre, il se jeta follement sur moi, voulant m'étrangler. Tout d'un coup ses mains me lâchèrent, il tomba à mes pieds, lourd, inerte, congestionné. Son père l'avait frappé d'un coup de poignard dans le dos.

Personne n'apprit ce drame. Le père et le fils se réconcillèrent; on inventa une histoire que j'ai oubliée, pour expliquer la blessure, légère d'ailleurs. Deux jours après l'événement, ils partaient tous pour la province. Je ne les ai jamais revus depuis... Et moi ?

Moi, je suis dégoûtée de l'amour, de la vie, du drame même. Je trouve que tout cela ne vaut pas le mal qu'on se donne; après une expérience de plus de quinze ans, je le dis aujourd'hui en toute conscience. Si j'ai été précoce dans mon enfance et ma jeunesse, je suis, en retour, vieillie avant l'âge, vieillesse précoce. A trente ans, j'en ai soixante; tout

m'ennuie, me fatigue, m'excite, je ne crois à rien, je n'espère
rien, je ne désire rien.

Je me suis mariée, il y a cinq ans, il faut bien faire comme
tout le monde. J'ai essayé d'être très honnête, ça ne m'ex-
cède même pas. N-i-ni, tout est fini. Naturellement je suis
très sévère pour les femmes, et à quelqu'un qui, ce matin,
s'offrait pour me présenter la baronne de K..., j'ai refusé en
disant très sérieusement :

— Une femme qui a un amant! Y pensez-vous, mon cher?

L'ami qui me connait depuis bien longtemps est demeuré
stupéfait.

Franchement, il y a de quoi.

LE MARIAGE DE Mᵉ RIDOU

Dès qu'il eut vendu sa charge de notaire un prix considé-
rable et placé sa fortune dans les bons coins, Mᵉ Anatole
Ridou, un peu sur ses boulets pour avoir mené trop ron-
dement le plaisir et les affaires, résolut de se ranger. Il acheta,
dans un quartier tranquille, un fort bel hôtel, d'ancienne
allure, qu'il fit aménager avec soin, laissant de côté le clin
quant du luxe moderne pour un confort admirablement compris. Ses domestiques furent peu nombreux, mais excellents;
ses chevaux solides et vites; ses voitures bien suspendues;
ses repas d'une savante perfection.

Il y tenait particulièrement, la digestion le rendant allègre.
Au bout de fort peu de temps il fut connu dans le monde de
la galanterie par ses déjeuners où il ne priait qu'une seule
personne à la fois; l'élue, toujours choisie parmi les plus
jolies filles de Paris, ne manquait jamais de se rendre à son
invitation, car indépendamment de l'accueil cordial du
maître de la maison, du choix exquis des mets, elle trouvait
sous sa serviette, lustrée comme du satin, un cadeau qui,
sans être princier, n'en était pas moins très convenable et
partant très couru. De maîtresse attirée il n'en voulait point;
ayant conservé dans le monde quelques belles relations, il ne
manquait pas d'*honnestes dames* très sensibles à l'envoi de sa
loge de vendredi à l'Opéra ou à sa baignoire du mardi au Français, qui le récompensaient de ses attentions par l'éclat que
jetaient dans la salle leurs têtes diamantées et leur nom connu.

L'intimité dont elles l'honoraient lui suffisait aux yeux du
monde pour y tenir un rang envié; agréablement choyé par
elles, très amusé d'autre part par les matinales visiteuses, il
trouvait que la vie était bonne et haussait les épaules lorsque
quelque pauvre hère, poète à ses débuts, peintre à son
aurore, jeune homme sans argent, se lamentait d'elle, la

déclarant mauvaise et difficile. Il avait, en entendant ces propos, une manière de faire sonner les breloques qu'il s'obstinait, contre la mode, à porter à sa chaîne de gilet, qui en disait long sur le mépris où il tenait ceux qui n'étaient ni riches ni heureux. Il n'y avait qu'une chose qui le touchât au vif, c'était la goutte qui quelquefois taquinait ses orteils et les rhumatismes qui volontiers se promenaient de ses genoux à ses épaules. De ces maux il en parlait abondamment et s'apitoyait sur ceux qui en étaient atteints.

Mᵉ Anatole Ridou n'était plus jeune et n'avait jamais été beau — au contraire; — mais il exigeait des femmes qu'il invitait chez lui une perfection absolue. Le moindre défaut était un cas rédhibitoire; il en était horriblement choqué et ne renouvelait jamais son invitation. Etre allé déjeuner deux fois chez lui équivalait à un brevet de beauté dont les plus fières se montraient orgueilleuses. Les nouvelles venues sur le turf galant n'étaient côtées à de hauts prix qu'après avoir subi cette épreuve désirable et redoutée.

Il était extrêmement riche pour un vieux garçon sans famille : cinq ou six bons millions bien placés sont d'assez jolies rentes et excitaient d'assez rudes convoitises parmi les amies de l'un et de l'autre bord. En finaud, sans rien promettre, il donnait par-ci par-là des espérances qui lui méritaient les regards les plus doux, les dîners les plus soignés, les fauteuils les plus moelleux. Aussi ce fut une déception générale le jour où les dîners chez lui et les soirées en ville cessèrent brusquement par le fait inouï que Mᵉ Anatole Ridou avait pris une maîtresse, qu'il l'avait installée dans son respectable hôtel et qu'elle y gouvernait tout avec une audacieuse autorité.

Où diable avait-il trouvé ce museau chiffonné ? D'où sortait cette fille pâle, maigre, vivace pourtant, sans beauté autre que l'éclat fiévreux de ses yeux gris et l'embroussaillement superbe d'une chevelure où toutes les teintes du blond se trouvaient mêlées ? Nul ne l'a jamais su. Lorsque, à ses débuts, Esther voulut parler de sa famille aux amis de son amant, on détourna la tête pour rire avec discrétion. Non, ce n'était pas d'un colonel ou d'une princesse moldave qu'elle était née. Il ne fallait pas pousser l'invention aussi loin. Elle sentait le sol parisien de Montmartre et des Batignolles, comme l'œillet sent le clou de girofle.

Il n'y avait pas à s'y tromper; certains mots trahissaient son origine. Mais, très intelligente, elle s'affina rapidement près des maîtres de toute sorte, observa avec patience.

Au bout d'un an elle était métamorphosée; le vernis bien mis cachait le bois grossier. Ce fut alors qu'à la stupéfaction de tous, Mᵉ Ridou épousa Esther discrètement, un matin, sans tambours ni trompettes.

Dans le feu de la première indignation, chacun déclara

qu'on ne remettrait plus les pieds chez lui; trois mois après
son mariage il donna une fête, ils y étaient tous.

Ah! c'est qu'on s'amusait ferme là-dedans! C'était une
folie de gaieté bruyante, de dîners tapageurs, de soupers
insensés!... L'argent allait carrément son train. — On le
jetait par les fenêtres, — ramasse qui peut! Il y en avait
tant... On n'était pas difficile non plus sur les invitations.
Esther accueillait tout le monde. Les délicats se retirèrent.
Tant pis pour eux! Il en resta un fier noyau des autres! Tous
les soirs, une table de trente couverts... Venait qui voulait.
Jamais une place vide. On n'eût pas osé leur faire cet affront,

Esther, rayonnante, couverte de bijoux, vêtue de robes
splendides, trônait comme une bacchante sur un peuple grisé
de champagne... Ces triomphes rosaient son visage, lui donnaient une sorte de beauté capiteuse et troublante, que Me
Anatole Ridou, maigri, pâli, déjeté, ayant vieilli de vingt ans
en une seule année, contemplait avec de séniles frémisse-
ments. Elle l'avait terriblement conquis par ses vices. Ses
yeux rougis, ses paupières flasques, les taches qui marbraient
ses joues, l'affaissement des lèvres, l'agitation nerveuse des
mains décelaient en cet homme, autrefois si pondéré, si gras,
si propret, l'envahissement rapide de l'ataxie et de la para-
lysie... Ce fut l'affaire de peu de temps.

Les fêtes continuèrent, s'accentuant toujours davantage;
Ridou n'y parut bientôt plus; confiné dans sa chambre, couché sur un fauteuil à roulettes, idiot, bestial, il avait l'apparence d'un vieillard et l'inconscience d'un enfant. Plus de
pensée, plus de mémoire. Plus rien. Cerveau vide. Deux pas-
sions surnageaient seules dans cet immense avachissement :
d'abord la faim canine, la faim cruelle ; il eût dévoré des
monceaux de viande crue, criait pour manger, ayant oublié
les mots et se ruant sur la nourriture comme une bête affa-
mée. Cette passion était constante. Elle s'éveillait toutes les
heures. L'autre ne se dégageait de ce cerveau en bouillie que
quand sa femme apparaissait les bras et les épaules nus. A
la vue de cette chair brûlante un flot de sang lui montait au
visage, ses yeux s'allumaient, ses grosses lèvres visqueuses
cherchaient à se rejoindre pour un baiser; il tendait vers elle
ses mains déformées et poussait des cris rauques de convoi-
tise abjecte... Sans répugnance, avec le regard ferme dont on
maîtrise les fous, Esther s'approchait de lui et d'une voix
dure et sèche lui commandait de se tenir en repos, menaçant
de s'en aller s'il bougeait, lui jetant pour le distraire quelque
nourriture à dévorer; apaisé, il la regardait avec la tranquillité
sournoise d'un mauvais chien battu, et murmurait tout bas le
seul mot de son enfance qui fût resté dans sa cervelle de gâteux.

— Ti mère... ti mère.

Petite mère! Petite mère souriait alors à cet immonde
enfant, et en paix avec sa conscience qui ne lui reprochait

nullement cette épouvantable mort dont elle était la cause, petite mère allait rejoindre ses nombreux amis, parmi lesquels elle avait à son tour pris un maître qui attendait, non sans impatience, l'heure où elle serait libre de l'épouser. Malgré les dépenses folles faites depuis la maladie de Ridou, il restait encore assez de millions pour tenter la cupidité d'un chevalier d'industrie.

Un soir, il y avait grande fête à l'hôtel. Un souper paré qui, commencé à minuit, ne devait se terminer qu'à l'aube naissante. Costumée en reine de Saba, le serpent d'or constellé de pierres précieuses au cou, Esther dominait toutes les femmes présentes de l'autorité de sa richesse et de ses diamants. En face d'elle, vêtu comme le roi Salomon dans sa gloire, celui qu'elle aimait. Autour d'eux, des invités nombreux. Le silence des premières minutes du repas. — Tout à coup, un hurlement prolongé, rauque, terrible à entendre.— Chacun se regarde. Esther se lève. — Un second cri plus aigu. Un troisième.

— C'est monsieur! dit le maître d'hôtel tout tremblant.

La maison se remplit de ces clameurs sauvages. La reine de Saba prie qu'on l'excuse quelques instants, — son mari est sujet à des attaques, cela ne sera rien. Le souper doit continuer en son absence. Les invités lui disent de ne pas se gêner avec eux. Et le jeu des mâchoires reprend avec vigueur; — le souper s'annonce exquis; — le château-yquem qui remplit les verres est authentique; — depuis qu'on n'a plus besoin de plaindre le malade, chacun s'apitoie sur son sort.

— Fermez les portes, sacrebleu! crie le roi Salomon.

Les appels rauques se multiplient. Esther monte rapidement l'escalier qui conduit à la chambre de son mari. Elle entre, un flot d'air glacé la frappe au visage. Près de la fenêtre dont on a oublié de fermer les volets, le gâteux grelotte. Il a froid, il a faim; — il pleure; — il rugit; sa figure convulsée est effrayante à voir. — Depuis quand n'a-t-il pas mangé? Depuis quand cette fenêtre ouverte? Répondez? répondez! crie Esther aux domestiques qui l'ont suivie.

On ne sait pas... A midi, il y avait dans la chambre un rayon de soleil. — Quelqu'un se souvient d'avoir roulé le fauteuil près du balcon, ouvert les vitres pour changer l'air. — Il a cru qu'on viendrait plus tard s'occuper de monsieur. Madame a donné tant d'ordres... IL A ÉTÉ OUBLIÉ.

Esther hausse les épaules et commande qu'on descende à la cuisine chercher le gros plat de viande qui a servi à faire les gelées tremblantes et dorées qui entourent les perdreaux froids sur la table du souper. Elle est promptement obéie. L'idiot s'est apaisé, il ne hurla plus; ses gros yeux hébétés fixés sur sa femme, il fait le simulacre de manger : Miam-miam-miam.

— Oui, chéri, dit-elle, oui, petite mère va te faire souper.
— Là, voyez! Qu'il est sage!

On apporte dans un énorme plat de faïence vulgaire les viandes amoncelées : à pleines mains l'idiot les saisit, à pleines dents il les dévore. Un grognement de brute satisfaite accompagne chaque bouchée. Debout, Esther le regarde manger. Superbe en sa robe de reine, tissée d'argent, elle se penche vers lui et de ses lèvres peintes elle effleure d'un baiser léger son crâne nu. Il la saisit avec violence, mais elle, se dégageant d'un mouvement prompt, ramasse les plis de sa jupe, et, sereine, redescend vers ses invités.

La fête continue.

PHILÉMON ET BAUCIS.

La première fois que je les rencontrai, je demeurai attendrie devant ce couple, auguste par la double majesté de l'âge et d'une tendresse qui semblait avoir traversé la vie toute entière. Elle ne sortait jamais sans lui ; lui n'allait nulle part sans elle. Et si doucement, si amoureusement unis ! Philémon s'inquiétait de tout pour Baucis : de l'air de la fenêtre, du foyer trop ardent, de la lumière éclatante, du froid de ses pieds, de la rougeur du teint, d'un affaissement de la taille, de la langueur du regard ; il la trouvait toujours la plus belle, la plus charmante, et le lui disait, ô triomphe ! devant toutes les autres femmes. A nul autre il ne laissait le soin d'envelopper ses épaules du manteau de fourrures ; c'est lui qui mettait sur ses souliers de satin les bottines doublées d'astrakan, qui nouait sous son menton le voile épais de dentelles, qui doucement la soutenait quand elle descendait l'escalier.

C'était touchant... jusqu'aux larmes.

Elle le suivait d'un œil attendri dans tous ses mouvements, souriait de ses mots, applaudissait à ses réparties. Jalouse avec cela ! Une inquiétude tendre rajeunissait son visage quand une belle fille s'approchait de lui, attirée par sa haute mine ; un geste imperceptible, un clignement d'yeux, une moue des lèvres demeurées gracieuses le ramenaient bien vite près de sa chaise. On sentait quelquefois qu'il y avait de l'orage dans l'air, mais l'ardeur encore verte des réconciliations se présentait aux regards échangés.

Et pourtant, il y a déjà fameusement longtemps que la Nina, alors dans tout l'éclat de sa renommée galante, s'éprit de Raymond, de quelques années plus jeune qu'elle. C'était alors un pauvre petit peintre gagnant péniblement sa vie à faire des fonds chez Rafaëllo où il posait aussi quelquefois pour le torse. Ce fut dans cet atelier justement célèbre qu'elle le rencontra. Il y eut entre eux, paraît-il, ce fameux coup de foudre dont on s'est si souvent servi sans parvenir à l'user ; ils tombèrent dans les bras l'un de l'autre ; ils ne devaient plus se quitter.

Leurs amours discrètes, et pour cause, pendant quelques

années, furent à la fin découvertes par le noble protecteur de la Nina. Un flagrant délit, s'il vous plaît. Impossible de nier. Il y eut là une scène à trois que je m'imagine, mais qui eut, grâce à quelque combinaison que l'histoire a malheureusement gardée pour elle, un résultat inattendu. Raymond passa au titre de protecteur sérieux, et le protecteur à celui d'amant aimé pour lui-même ; du reste, le résultat financier demeura identique.

Tout bonheur a une fin. Le prince mourut, peu après pour avoir été trop heureux. Il mourut le sourire sur les lèvres, se disant qu'il avait été enfin, au déclin de sa vie, apprécié comme il méritait de l'être. Par testament, il laissa à Nina une fort belle somme. La famille la lui disputa. Elle voulut plaider et le prenait de haut. Ah ! on verra de quel bois elle se chauffait. Tas de pleutres, va ! Des princes, des riches, des millionnaires disputant à une pauvre femme ce legs, dernier témoignage d'estime et d'amitié ! Il n'y a donc rien de sacré pour les grands seigneurs d'aujourd'hui ! Misère d'elle ! Si ça n'avait tenu qu'à sa volonté, tous les palais du monde eussent été en cendres, tous les nobles décapités ! Raymond calma cette juste colère, l'amena à transiger ; on offrait cent mille francs. Ils l'acceptèrent. Le noyau était fait ; au bout d'un mois ils étaient mariés.

Alors il eut un atelier très vaste, sobrement orné, où vinrent de nombreux visiteurs attirés par la beauté provocante de la femme du peintre. Ah ! qu'elle était jolie avec la volupté de son sourire et de ses larges yeux noirs ! Une taille si mince ! des épaules exquises. Un corps de déesse... Car le corps valait le visage au moins, et le seul succès de Raymond fut celui où, un jour, entraîné par ce violent amour de l'art devant lequel s'effacent les mesquines pudeurs bourgeoises, il exposa au Salon le portrait de sa femme, vêtue seulement de ses deux mains, qui voilaient son front rougissant. Quel triomphe !... On s'étouffait pour le regarder. Là, dans le cadre immense, toute nue, debout, de face, éblouissante, adorable, parfaite, ayant trouvé par un geste chaste le moyen d'être férocement impudique et de donner au nu toutes les saveurs d'un déshabillé.

C'est en la voyant ainsi que le grand peintre Humbert en devint follement amoureux. Il se fit présenter ; Raymond le reçut les sourcils froncés, la mine hautaine, tandis que la Nina riait sournoisement derrière son dos. Il ne fallait pas compter qu'il serait familièrement accueilli. Ses tentatives échouèrent ; à la fin on lui fit comprendre que lui, homme marié, ne pouvait venir seul chez Mme Raymond. Il devait amener sa femme, une charmante petite Italienne épousée quelques années auparavant. Humbert fit d'abord la grimace. Il n'était pas encore bien loin le temps où la beauté de Nina se taxait hautement sur l'asphalte parisien. Le mariage n'avait pas donné l'honorabilité. Mais il était si terriblement épris qu'après s'être donné toutes les bonnes raisons pour refuser, il trouva toutes les mauvaises afin d'accepter.

Il présenta donc Mme Humbert à Nina qui se fit charmante pour la recevoir; d'autre part, Raymond tout à fait rassuré par la présence d'une femme aimée, quitta ses airs de capitan. Après quelques visites échangées, un certain nombre de dîners reçus et rendus, les ménages devinrent intimes, se montrèrent partout ensemble au bal, au théâtre, dans le monde; l'été venu, ils louèrent sur une plage écartée une villa à frais communs et s'y installèrent en parfait accord.

Ce fut là, derrière un rocher, par un beau soir sans lune, sur un sable doux comme un oreiller que Nina et Humbert échangèrent leurs premiers baisers, tandis que dans le salon de la villa, Raymond accompagnait au piano la voix argentine de la jeune Italienne et qu'ensemble ils chantaient dans la langue de l'amour les duos les plus passionnés du répertoire.

N'allez pas croire en lisant ce véridique récit que Raymond savait... Allons donc ! pour qui le prenez-vous ! Il faut être joliment perverti pour avoir semblable idée, et pour mon compte, elle ne m'est point venue ! Il était sûr de la fidélité de sa femme, voilà tout, et Mme Humbert persuadée de celle de son mari. Le plus malheureux des quatre était encore ce pauvre Humbert, qui non seulement était féru de passion, mais encore de jalousie. Quand la nuit arrivait, que Nina se retirait dans sa chambre avec Raymond, le peintre courait comme un fou sur la plage, regardant la fenêtre éclairée de la dame et, en vrai héros de 1840, déchirant de rage impuissante sa poitrine de ses ongles. Elle lui avait juré que... Mais va-t-en voir s'ils viennent, Jean ! Elle était si jolie, si tentante, Raymond si amoureux... Il n'y avait pas moyen de croire deux minutes de suite à ce que la belle avait promis.

Quelquefois, quand elle l'avait vu bien irrité, bien sombre, la Nina s'échappait de sa chambre, laissant Raymond endormi, et seulement vêtue de son peignoir venait le retrouver. C'étaient là de chères heures achetées par de terribles angoisses... S'il s'éveillait! Nina frissonnait de terreur à cette pensée. Vite ! on mettait les baisers doubles, ils n'en étaient pas moins savourés. D'ailleurs, ce n'était point leur faute. La coupable était la mer, cette grande aphrodisiaque qui leur mettait tant d'ardeur dans les veines, tant de sang dans le cœur.

J'ai dit que la femme d'Humbert était jolie comme un ange, je dois ajouter qu'elle était aussi simple que belle... Une créature parfaite. On lui aurait aisément fait croire que les oies avaient des cornes et les poules des dents. Elle ne vit donc rien, d'autant mieux que Raymond s'occupait beaucoup d'elle, lui faisait mille compliments, sans parler du chant qui la passionnait en vraie fille de son pays, lui apprenait à nager le matin, l'après-midi s'asseyait à ses pieds sur le sable, et, à toute heure du jour, se montrait le modèle des cavaliers servants.

Cela dura ainsi trois belles années, trois années merveilleuses pendant lesquelles Raymond eut une chance inouïe. Ses petits tableaux, toujours les mêmes : un ciel orageux sur lequel se profilait un arbre tourmenté, se vendirent des prix fous. Il avait, disait-il, découvert un Américain fanatique de sa manière : oncques personne ne le vit. Il le tenait caché et faisait bien. Il put ainsi donner à sa femme des bijoux de grand prix, des diamants pour ses oreilles, des perles pour son cou, délicat. Indépendamment de cela, il avait chez un banquier de ses amis une très forte somme déposée en son nom, qui chaque mois s'arrondissait encore... Du reste, le ménage Raymond était un modèle d'ordre. Jamais de dépenses inutiles. Nina s'habillait avec rien, son mari fumait les cigares de ses amis.

Quand Humbert mourut subitement, si subitement qu'il en courut de méchants bruits de suicide, Paris fut bien étonné d'apprendre que le grand artiste, dont les toiles se payaient si cher, qui en avait vendu une si grande quantité, ne laissait rien que beaucoup de dettes à sa jolie veuve. Celle-ci se lamentait fort, demandant où donc étaient passées les sommes considérables touchées par son mari. Mais Raymond lui persuada qu'il y a, au lendemain de la mort, des mystères qu'il ne faut pas chercher à comprendre. Il serait mal séant de faire du bruit autour d'un cercueil. Qui sait ce qu'on trouverait ? L'Italienne eut peur. Elle avait une petite dot ; Raymond, en ami dévoué, s'occupa de la lui faire rendre. Il y joignit quelques menus objets : un tableau racheté à la vente, une poignée de bijoux sans valeur, et, cela fait, lui conseilla de retourner dans sa famille. Il l'y conduisit lui-même. On n'agit pas mieux.

Quelque temps après la mort d'Humbert, Raymond ferma son atelier, sa vue baissait. Il s'occupait encore par un reste d'habitude prise de vendre des tableaux ; mais en homme qui n'attend rien de personne, son avenir étant assuré. On sentait cela à sa voix brève, au port de sa tête, à la façon conquérante dont il jouait avec les breloques de sa chaîne de gilet. Nina, elle, avait beaucoup vieilli. — Ces dernières années pesaient singulièrement sur sa belle tête.

Ce fut alors que riches, tranquilles, heureux, ils commencèrent une autre existence ; Raymond, encore actif, s'occupait de sa fortune ; Nina, vigilante, économe, sachant la valeur de l'argent, du temps, de la beauté, veillait à la maison. On ne pouvait lui reprocher que d'être hautaine avec les femmes, dure pour leurs faiblesses, sans pitié pour celles qui désertent le foyer conjugal.

Malheureusement, le ciel n'a pas béni leur union. Il y a quelquefois une apparente injustice dans l'inégale répartition de ses dons ; mais ils ont autour d'eux, néanmoins, une famille de nièces et de neveux, tenus avec une sévérité extrême, et qui professent pour Baucis et Philémon la plus grande vénération... Ils disent d'eux : Quel exemple ! quelle vieillesse ! Admirable récompense d'une vie de labeurs !...

Oui, on les cite aux jeunes gens récalcitrants à se marier. Plus d'un, pressé par quelque bonne âme, cherchant pour refuser des raisons dans la fragilité du bonheur conjugal, s'est entendu dire :

—— Regardez donc Baucis ! regardez Philémon !

Et je ne répondrais pas qu'il ne se soit pas incliné devant ce couple, auguste par la double majesté de l'âge et d'une tendresse qui semble avoir traversé la vie tout entière sans avoir rien perdu de son intensité.

LES GRANDES DAMES ARTISTES

—

MADAME G. DE MONTGOMERY, POÈTE

—

Grande, forte, le visage éclatant de fraîcheur, les cheveux blonds simplement noués sur le sommet de la tête, et relevés droits sur un jeune front plein de pensées, les yeux et le sourire candides d'une enfant, la voix douce, la simplicité de haut goût d'une femme de bonne compagnie, voilà la première impression qu'on reçoit d'elle ; à peine a-t-elle parlé, on a la subite sensation qu'on se trouve en face d'une nature très droite et très élevée ; l'estime vous vient aussitôt ; elle s'impose d'emblée, au lieu d'être gagnée lentement ; on la sent chevaleresque jusqu'au bout de ses ongles fins, et hardiment dégagée des mesquineries féminines. C'est une combattante qu'on a sous les yeux, une combattante pour l'honneur, la gloire, la patrie, et toute la vaillance de sa race et de celle du grand nom qu'elle porte se devine sous la grâce de la femme du monde, comme elle se décèle dans le volume qui vient de la révéler poète plein de sève et d'énergique talent.

Par son arrière grand-mère qui était une Fergusson, Madame de Montgomery est d'origine écossaise ; par son grand-père, qui fut le célèbre miniaturiste Hall, elle est Suédoise. — elle est alliée aux familles d'Etampes, de Caglus, de Bizemont, de Lagrange, de Lambel, de Plinval. Son père et sa mère, Monsieur et Madame Ditte, passaient tous les étés dans leur château de Saint-Paul en Seine-et-Oise ; c'est là qu'est née la future Madame de Montgomery, le 2 septembre 1861. Ses parents désiraient très vivement un garçon. Madame Ditte sûre du sexe de son enfant, lui ayant déjà choisi un prénom masculin, le rêvait noble, fier, courageux — cherchant par sa pensée constante à créer héroïque l'âme de son fils. Madame de Montgomery le lui reproche doucement :

> A quoi pensiez-vous, ô ma mère,
>   En me portant ?
> A quelque terrible chimère ?
>   Je souffre tant !
> Vous rêviez toujours de bataille
>   Disant : « Je veux
> » Qu'il soit un franc de haute taille
>   » Aux blonds cheveux ! »

Le vœu ne fut qu'à demi-exaucé ; la haute taille est venue, les cheveux blonds aussi ; aussi l'âme fière, courageuse, avide de gloire ; mais cette âme de jeune preux, cette âme de guerrier se débat dans un corps de femme, et n'ayant pu avoir l'épée dont sa mère lui enfantait la noble folie, Mme de Montgomery prend la plume :

> Forgé sur une dure enclume,
>   Mon jeune cœur
> Voulait l'épée : or j'ai la plume
>   Glaive vainqueur,
> Glaive tranchant comme l'épée
>   D'un officier.
> Ma plume écrivant l'épopée
>   Est en acier.

Tout concourt pour la rendre sérieuse : son enfance passée près d'une mère maladive et déçue la prive des jeux de son âge ; à l'heure où les bébés font des pâtés de sable, Lucy Ditte, concentrée, rêveuse, parlant bas pour ne pas troubler sa chère malade, rimait déjà. Passionnée pour la Grèce et les mythes, elle tressait des fleurs dont elle se couronnait, et petite prêtresse gauloise, elle récitait ses vers aux oiseaux du ciel... Ses hivers passés dans le Midi, pour la santé chancelante de madame Ditte, lui mettent dans l'âme le robuste amour du plain air, du grand soleil, des vastes horizons. La solitude de son enfance sert à solidifier la vigueur native de son esprit créé mâle par sa mère. Elle est hantée par des rêves de gloire et de dévouement. Elle voudrait sauver son pays, se battre pour lui, mourir en le défendant... et plus tard devenue jeune femme elle s'écriera :

> Je veux être quelqu'un, je veux être un poète,
> Et s'il faut de mon sang que je marque les pas,
> Je m'ouvrirai moi-même et le cœur et la tête :
> Mourir sans laisser d'œuvre est un double trépas.

Les premiers vers que Madame de Montgomery a publiés furent ceux que lui inspira la mort prématurée d'une artiste de talent. Ils parurent dans *Figaro*, sous un pseudonyme. Sully Prudhomme les ayant remarqués, elle fut mise en relation avec lui, et c'est sans doute a ses leçons religieusement écoutées et comprises qu'elle a dû, sans tâtonnements, et dès ses premières poésies, d'acquérir cette virilité dans le rhytme qu'aucune femme — madame Ackerman exceptée, ne possède autant qu'elle. *Elle rime avec des substantifs!* s'écriait en la lisant, un poète étonné. En thèse générale, en effet, les esprits plus brillants que profonds, plus élégants que solides, aiment à se parer d'adjectifs délicatement ciselés, tandis que la simplicité du substantif, et la musculature du verbe conviennent aux penseurs.

. .

Mariée suivant son cœur au parfait gentilhomme dont elle elle est, à juste titre, si fière de porter le nom — ce nom qui sonne comme un cliquetis d'épées — Madame de Montgomery s'est trouvée lancée dans la haute vie, mais excepté le vif plaisir qu'elle a aux heures matinales à conduire elle-même ses magnifiques chevaux, la jeune femme préfère l'étude aux fêtes brillantes.

Je ne saurais vraiment partager vos plaisirs,
Non, car il me faudrait votre cervelle creuse.

Cette vie à part, retirée, lui a créé, je gage, quelques inimitiés, et je vois clairement la blessure qu'elle en a reçue dans le le morceau qui commence ainsi :

Le monde me dégoûte et j'ai la boue au cœur...

Oui il y a eu certainement dans son existence des heures où Madame de Montgomery a senti s'éveiller en elle l'âme du jeune preux dont la dota le désir passionné de sa mère. Elle trouve qu'en face de certaines lâchetés, ce n'est pas assez faire que de se renfermer dans le mépris. La vaillance est la caractéristique de son tempérament. *Foi de gentilhomme!* dit-elle quelquefois, et cette exclamation va bien à la sincérité de ses lèvres et de ses yeux.

Sans sortir de la grande situation où la placent son nom et sa fortune, Madame de Montgomery est entrée carrément dans le monde de l'Art ; elle en a ouvert la porte d'une main ferme. — Dès aujourd'hui elle y a conquis une place... et vous verrez qu'elle n'en restera pas là.

MANOËL DE GRANDFORT.

Directeur littéraire : **ALBERT de NOCÉE**
Bruxelles, 69, rue Stévin, 60

Librairie Nouvelle. BRUXELLES, 2, boulevard Anspach, 2.
Librairie Universelle. Paris. 41, rue de Seine. 41.

CAMILLE LEMONNIER

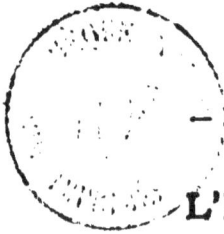

—

LE MORT
— LE DOIGT DE DIEU —

—

L'HYSTÉRIQUE

—

(Supplément)

NI CHAIR, NI POISSON
— L'AVANT DERNIER CHAPITRE —

—

BIBLIOGRAPHIE

—

Camille LEMONNIER, né à Ixelles, près de Bruxelles, le 24 mars 1845.

—

Salon de Bruxelles, 1863.
Salon de Bruxelles, 1866.
Nos Flamands, 1869, Rosez et Dentu.
Croquis d'Automne, 1869, De Somer.
Salon de Paris, 1870, Paris, Morel et C°.
Paris-Berlin (anonyme), 1871, Bruxelles, Mucquardt.
Sedan, 1871, Mucquardt.
Contes Flamands et Wallons, 1873, Bruxelles, Lansberger.
                2° édition, 1874, Paris.
Histoire de Gras et de Maigres, 1874, Paris, Pont.
Derrière le Rideau, 1875, Paris, Pont.
Gustave Courbet et son Œuvre, 1878, Paris, Lemerre.
Mes Médailles, 1878, Paris, Librairie générale.
Un Coin de Village, 1879, Paris, Lemerre.
Bébés et Joujoux, 1880, Paris, Hetzel.
Les Charniers, 1881, Paris, Lemerre.
Un Mâle, 1881, Bruxelles, Kistemackers.
Le Mort, 1881, Bruxelles, Kistemackers.
        2° édition, 1887 avec trois nouvelles inédites : Le Doigt de Dieu, —
        Le Vieux Sonneur, — L'Hôte des Quadvliet, — Paris, Alphonse
        Piaget.
Thérèse Monique, 1882, Paris, Charpentier.
Ni Chair, ni Poisson, 1884, Bruxelles, Brancart.
Histoire de huit Bêtes et d'une Poupée, 1884, Paris, Hetzel.
L'Hystérique, 1885, Paris, Charpentier.
Les Concubins, 1886, Paris, Monnier et de Brunhoff.
Happe Chair, 1886, Paris, Charpentier.
Histoire des Beaux-Arts en Belgique, 1887, Bruxelles, Weissenbruch.
Noëls Flamands, 1887, Paris, A. Savine.
La Belgique, 1887, Paris, Hachette.

—

POUR PARAITRE PROCHAINEMENT :

Madame Lupar, chez Charpentier.
Les Peintres de la Vie, chez Savine.

————

LE MORT·

FRAGMENT

—

Le 31 octobre 1867, veille de la Toussaint, les trois Baraque étaient assis sous le manteau de la cheminée, les mains
sur les genoux, immobiles.

Des branches de bois vert fumaient dans l'âtre, par dessus
un petit tas de cendres chaudes, et quelquefois un craquement se faisait entendre, lorsque la flamme mordait le bois -
humide; puis un éclair rouge flambait, allumant la cheminée
couleur de suie.

Balt, dans les dents un chicot de pipe, tirait des bouffées,
sans parler, sans penser; Bast de temps en temps passait ses
mains sur toute la longueur de ses jambes, toussait, gei-
gnait, était pris d'un frisson; Nol regardait de ses yeux sans
cils, les fumerons froidir, dans une contemplation grave,
stupide. Et une solitude pesait sur les trois hommes, comme
un délaissement de cimetière.

Dehors, un grand vent entrechoquait la pointe des arbres,
s'abattant sur la maison par tapées brusques qui secouaient
le toit, les volets, les portes; et par moments, la barrière qui
ferme le pré de Jan Beust, le voisin, grinçait dans ses gonds
avec un bruit aigre.

4

Il avait plu drû le matin; l'égouttement de l'eau, le claquement de la pluie contre le mur, le bégoulis des gouttières se dévidant dans la mare s'ajoutaient au grondement sourd des rafales. Une lampe à bec charbonnait sur une table, à bout d'huile.

Le vent qui passait sous la porte tout à coup poussait les cendres de l'âtre, soufflait sur le champignon de la lampe; alors, pour un instant, la silhouette des frères se dessinait, et un peu de clarté permettait de voir dans le fond de la pièce une armoire, une huche, une table, une horloge à gaine, des images saintes dans des cadres de bois.

Il y avait dix minutes que l'horloge avait sonné huit heures; les Baraque attendaient la demie pour se coucher.

Machinalement, Bast et Balt subissaient l'influence de la Toussaint, jour noir pour les campagnes, annonciateur d'un jour plus noir; et, muets, sans raison, ils allongeaient leur veillée. Des lumières, brillant dans la nuit aux fenêtres des autres maisons, signalaient la réunion des familles autour du feu. Une rêverie vague les occupait, semailles, rendement de la terre, désir d'amasser de l'argent. L'idiot à présent ronflait, accroupi la tête aux genoux.

Le chien se mit à aboyer subitement, en tirant sur sa chaîne, et presque aussitôt un pas sonna sur le pavé de la cour. Ils entendirent des lambeaux de chanson, une voix joyeuse perdue dans la lamentation des ténèbres.

Puis on frappa.

Ils tressaillirent. Bast pensa aux morts qui sortaient de leur fosse et eut froid aux os.

— Qui est là ? fit Balt.

La voix cria :

— Ouvrez ! C'est moi, Hein !

Balt grommela dans ses dents, se leva, ouvrit, et un homme de vingt-six ans environ, gai, pris de boisson, habillé de vêtements neufs, trop larges, entra dans la chambre.

C'était un cousin à la mode des campagnes, Hein Zacht, le garçon meunier. Il avait les yeux brillants, le geste vague, et la pluie l'avait percé.

— Fameuse nouvelle ! dit-il. Je viens de la ville; j'ai fait toutes les chapelles du chemin. Ach ! Hein a bu, mais il a de quoi ! Hein a le sac !

Il se laissa choir sur une chaise, donna un coup de talon

dans le feu, et, regardant autour de lui, avec l'assurance des nouveaux riches :

— Il fait pauvre ici, camarades... Mais Hein est en joie ! Hein a le sac ! Versez l'huile dans votre lampe afin qu'il vous voie bien en face.

Balt fit de la tête un signe négatif, en haussant les épaules. Le garçon meunier ne s'en aperçut pas, perdu qu'il était dans les gloires. Et il leur raconta qu'il s'était attardé, qu'ayant vu de la lumière à leurs volets, il avait été bien aise de se sécher un peu chez eux. Il montrait de l'inquiétude pour ses habits surtout, et à chaque instant tâtait le fond de sa poche, palpant quelque chose. Puis il leur avoua tout.

— Eh bien, oui, j'ai gagné 20,000 francs à l'État ; j'avais une action de cent francs... Ils sont là, dans ma poche... Je sais bien à qui je le dis ; mais vous, silence !... Pas un mot... On n'aurait qu'à me les voler !

Il éclata de rire.

— Voler Hein ? Ach ! ach ! le garçon a pris son gendarme avec lui.

Et tout large, il ouvrit un énorme couteau qu'il planta dans la table.

Les deux Baraque s'étaient rapprochés.

Un homme porteur d'une pareille somme prenait un intérêt inattendu à leurs yeux. Bast fit un mouvement machinal de la tête comme pour voir dans la poche du cousin. Tous deux se taisaient ; Bast souriait, et Balt regardait devant lui, profondément, voyant venir à lui une idée.

— Allons Hein, dit-il, buvons ensemble un coup, puisqu'il en est ainsi.

Une bouteille de genièvre traînait sur l'armoire, demi-pleine et déjà vieille. Il prit la bouteille, emplit trois verres, puis recommença ; et Bast accumula du bois dans l'âtre, fit un grand feu, ranima la lampe, étourdi, ses mains travaillant sous lui comme celles d'un autre entré en sa peau.

Le garçon meunier, excité, devint loquace, dit ses projets, parla de reprendre un moulin pour son compte, nargua ensuite les Baraque de leur crasserie.

— C'est bon pour vous, vieux grigous, de remplir de gros sous vos paillasses. Moi, je veux me marier, et alors gare la danse !

— Heu ! fit Bast, les yeux baissés, vous êtes jeune, vous !

Puis Hein parla seul, bredouilla ce qu'il voulut, et les deux autres ne l'écoutaient plus. Ils étaient plongés dans une songerie tenace, évitant de se regarder et se comprenant.

Au milieu de sa hâblerie, le garçon meunier fut remué d'une frousse à propos d'un billet de cinq cents francs que lui avait remis le marchand chez lequel il avait acheté ses habits.

Il tira de sa poche un foulard fermé de gros nœuds à ses bouts, défit les coins et en sortit un petit paquet formé de plusieurs journaux superposés et enveloppant un portefeuille; finalement il prit dans le portefeuille une liasse de billets qu'il s'embrouillait à numérer.

— Une, deux, trois... Trois, deux, trois, quatre... Je n'aime pas les billets, mais c'était plus commode... Cinq, six, sept...

Ainsi de suite. Tandis qu'il comptait, les larges billets s'étalaient, soyeux, comme une chair, comme de la vie, pêle mêle.

Balt fumait à petits coups, considérant cette fortune. Il dit à Hein, tranquillement :

— Je vous crois, à présent, puisque voilà l'argent !

Bast, blême, claquait des dents, et un tremblement agitait ses mains. Il continuait de sourire, ouvrant la bouche pour parler sans trouver une parole; et il ne quittait pas des prunelles les billets.

De minute en minute, tous deux se rapprochaient, attirés par l'argent, Bast tendant ses mains en avant, Balt, froid, remuant seulement ses pouces, d'un mouvement régulier.

Et tout d'une fois, comme un ressort, ces terribles pouces s'ouvrirent et Balt leva les deux mains, les abattit au cou de Hein avec une violence extraordinaire, comme un bûcheron qui entame un chêne.

Les énormes pouces entraient dans la chair, la pétrissaient, et il se mit à étrangler le garçon meunier, les coudes écartés, pesant sur lui de toute sa force, féroce, des cris de bête dans la gorge.

Hein ouvrit démesurément les yeux, laissa pendre hors de sa bouche sa langue devenue dure comme un caillou, commença un mouvement et demeura, les mains en l'air, noircissant à vue d'œil. Alors, Bast à son tour se rua sur lui et tapa son crâne, sa face, ses yeux, à coups de poing avec une rage qui s'accroissait à chaque bourrée.

Nol, accroupi dans l'âtre, frappait en riant la crémaillère avec les pincettes; et dans le vent de nuit, dehors, le chien hurla.

L'homme étranglé, il y eut une détente chez les assassins. Balt prit sa tête à deux mains, sombre, étonné de ce qu'il avait fait, et Bast alla à la porte, en proie aux coliques de la peur. Puis ils poussèrent le cadavre sous la table et burent ce qui restait de genièvre. Tous deux s'étaient assis, devenus faibles comme des enfants.

L'ouragan avait grandi.

Un arbre craqua sur le chemin. Balt se leva en sursaut, croyant qu'on venait pour l'emmener, et Bast, plus mort que vif, fit le signe de la croix, machinalement. L'énorme coup de vent passa, mugissant au loin.

Alors ils furent talonnés de la hâte d'enfouir le cadavre.

— Prenons-le par la tête et les pieds, dit Bast.

Ils tirèrent Hein à eux, soufflèrent la lampe, et, s'arrêtant à chaque pas portant le cadavre du côté de la mare au fumier. Elle était profonde. Tandis que Balt écartait les pailles pourries à coups de fourche, l'autre eut une pitié.

— Laissons-lui ses vêtements; il aura moins froid, fit-il doucement.

Et, en même temps, il glissait ses mains dans les poches du mort, pour les fouiller.

Le corps s'enfonça la tête en avant, et la vase du fond, remuée, remonta à la surface avec un bruit de vésicules qui crèvent. Puis ils prirent une perche à houblon, tâtèrent la profondeur de la mare, cherchant à connaître la position du cadavre; et ensuite ils jetèrent sur la fosse des feuilles mortes et des pailles.

Quelqu'un se mit à rire derrière eux, au moment où ils se retiraient, ayant fini.

C'était Nol l'idiot; il les regardait, les yeux dilatés par l'étrangeté de la scène, en riant et en grommelant.

— A l'écurie! gronda Balt.

L'autre ne faisant pas mine de comprendre, il le prit, le poussa, pinçant sa chair à travers ses habits et le faisant hurler.

Le lendemain, jour de la Toussaint, les deux Baraque écoutèrent la messe et vêpres. Ils se rendirent ensuite au cabaret et racontèrent qu'ils allaient changer leur mare de place, imaginant des précautions.

Balt tenait la main droite dans sa poche, ayant le pouce luxé.

LE DOIGT DE DIEU

I

Les campagnes dorment au fond des ténèbres, des effroyables ténèbres d'une nuit de décembre, et rien ne bouge encore dans la maison du paysan, ni sa femme pesamment ronflante à ses côtés, ni les berceaux d'où s'élèvent des respirations lentes, ni le chien assoupi dans sa niche, ni les bœufs prostrés dans les torpeurs de l'étable.

Et tout à coup une voix crie dans le silence :

— Paysan, lève-toi et va à la ville.

Docile, le rustre se vêt, et ses mains ont le geste lourd des gens mal réveillés. L'ombre fait autour de lui un mur solide, et pourtant il voit ; une clarté s'épand de ses prunelles, pareille à la blancheur d'un flambeau.

— Où vas-tu ? lui demande sa femme, qui sent près d'elle la couche vide.

Et il répond :

— Là où on m'attend.

Elle s'étonne et, se dressant sur son séant, elle lui demande qui l'attend.

— Je ne sais pas, dit-il, les épaules doucement remuées.

Bourrue alors, elle le gourmande d'aigres paroles qui, en d'autres temps, cingleraient ses oreilles comme les crins d'un fouet.

— Les coqs n'ont chanté que dans ta cervelle, l'homme; certainement, tu as mangé d'une herbe funeste. Recouche-toi à mes côtés jusqu'à ce que luise le jour.

— Non, dit-il.

Le pène joue sous ses doigts : il sort calme comme un homme qui va à quelque nocturne labeur ; et lentement, du pas mou des somnambules, il traverse les noires épouvantes qui, des urnes de la nuit, s'épanchent sur les champs.

A quoi pense-t-il en sa marche obscure ? A la glèbe qu'il faudra remuer quand il sera rentré, au terme qui échoit dans cinq jours, aux inflexibles exigences du propriétaire ; il pense à la fatalité de sa rude et monotone existence comme il y a pensé la veille, comme il y pensera tous les jours que Dieu lui donnera ; il ne songe à rien autre chose. Un vent glacé met des frissons sur sa chair : est-ce l'aube prochaine qui déjà remue les étendues, ou n'est-ce toujours que la rigide palpitation de la nuit ? Il ne le sait pas, et va son chemin.

Par delà son enceinte de pierre, la ville dort d'un somme stupide que ne troublent ni les lamentations de la rafale, ni le sourd retentissement de ce pas sur les dalles silencieuses. Le sépulcre ne plonge pas dans de plus sombres spirales que la cité muette dans l'enchevêtrement morne de ses carrefours.

Sans hésiter, l'homme s'engage dans le dédale des rues, avec autant d'assurance que s'il marchait sous la clarté méridienne. Et cependant personne ne lui a indiqué la route qu'il doit suivre ; mais rien n'empêchera qu'il ne soit, à l'heure dite, à l'endroit où il doit être.

De détour en détour il débouche enfin sur une place découverte au bord de laquelle les maisons rangées circulairement ont l'air d'attendre sa venue ; et par l'autre extrémité un inconnu marche vers lui et demande :

— Paysan, quelle heure est-il ?

Il lève la tête du côté de la tour, qu'une masse d'ombre plus grande permet seule de reconnaître parmi les autres maisons, comme elle noyées dans la nuit fuligineuse. Et par dessus l'amas roulant des ténèbres, le noir cadran s'allume brusquement pour ses yeux d'une réverbération plus éclatante que celle d'un incendie.

— Il est quatre heures, répond-il.

Il lui semble qu'il a déjà vu quelque part ce nocturne

passant dont il ne peut distinguer ni les yeux ni le front; mais si voilés que soient ses traits, ils demeureront inoubliablement gravés dans les fibres de son cerveau, mieux que si le soleil les avait éclairés de son irréfragable lumière.

A peine l'étranger s'est-il éloigné, le pacant reprend la route qu'il vient de parcourir, et du même pas pesant qu'il appuyait sur les pavés en arrivant, il marche à travers le labyrinthe de la cité, nigride et muette non moins qu'une nécropole. C'est pour déchiffrer l'heure au cadran de la tour qu'il a fait deux lieues de chemin, et il rentre chez lui au meuglement des vaches éveillées, n'ayant vu que cet homme qu'il se commémorera pour l'éternité.

II

Une année s'écoule et la Voix se fait entendre de nouveau, dans le silence de la nuit :

— Lève-toi et va à la ville.

Et, comme la première fois, esclave soumis à un impérieux devoir, le rustre se lève; son geste épais remue l'obscurité massive que sa prunelle troue de clartés errantes, devant lui.

— Où vas-tu ? lui dit sa femme entre deux bâillements.

Et il répond :

— Là, où on m'attend.

Fidèle alors à la loi qui met en la femme une soif d'éternelle curiosité, elle s'assied sur ses reins et s'enquiert de celui qui l'attend.

Il hausse les épaules et répond :

— Je ne sais pas.

— Vieux rêveur, s'écrie-t-elle encolérée, ton cerveau est sûrement la proie de quelque fièvre maligne, puisque tu prends pour la voix de Chanteclair le bruit du vent dans la cheminée. Recouche-toi dans le lit jusqu'au jour.

Les berceaux tremblent aux secousses des petits qui vagissent, et du fond de sa niche, le chien, irrité par ces plaintes grêles, prolonge un rauque hurlement, tandis que, déchaînée, la pluie fouette de ses lanières le toit dont les charpentes craquent comme les vertèbres d'un lutteur sur le point de choir.

— Non, répond le paysan.

Il pousse la porte de son taudis, et marche sous l'averse glacée, courbé, se prenant corps à corps avec l'aquilon. La grêle crépite sur ses os, la tourmente le secoue comme un haillon, et il songe à sa masure qui branle, à sa meule de foin battue du vent, à sa moitié qui geint à cette heure sous les draps, tordue par les rhumatismes; et il ne songe pas à autre chose; mais cela suffirait à ramener sur ses pas un autre que lui. Il va pourtant, d'un pas mesuré et ferme, comme un homme qui est sûr d'arriver à son heure.

Les arbres, les échaliers, les huttes aux toits de chaume disparaissent petit à petit derrière lui; il franchit l'enceinte de la ville, et, comme en cette autre nuit, passif, il s'engage parmi les rues emplies de ténèbres. Aucune lueur ne brille dans cette houle immense des ombres; mais ses pieds le portent plus victorieusement que si quelqu'un le guidait avec un falot dans sa marche. Une vaste construction se dresse à la fin, pareille à de la nuit qui se serait pétrifiée, et les lampes qui font flamboyer les hautes fenêtres çà et là percées dans les murs, rendent ceux-ci plus noirs encore. Béant, un porche s'ouvre devant l'être grossier qui va servir aux destins, et lent, ployé sous on ne sait quelle main qui le guide, il gravit les marches d'un escalier de granit au haut duquel six gendarmes, la main sur le mousquet, dressent leurs raides statures figées.

Placide et muet, le terrien passe au milieu du groupe sans que personne l'arrête; et subitement il se trouve dans une salle où, sous les bras éployés d'un grand Christ, siègent des juges vêtus de noir. Les hauts arceaux des voûtes s'illuminent aux reflets vacillants des lanternes qui, glissant de proche en proche, éclairent de taches tremblantes la foule, les magistrats, l'accusateur public et là-bas, dans les funèbres pénombres où, comme un avertissement prophétique, semble régner déjà l'obscurité sans trève des prisons, le pâle visage de l'homme qu'on va condamner.

Le silence des tombeaux s'étend sur l'immobile assemblée; mais tout à coup ces paroles prononcées par le président résonnent sous les plafonds muets, avec le bruit d'une pierre croulant à travers un abîme.

— Accusé, Dieu est témoin qu'un alibi seul pourrait vous sauver. Où étiez-vous à l'heure de ce crime abominable?

Le misérable se lève de son banc et répond :

— J'étais sur la place : un paysan a passé; je lui ai demandé l'heure; il m'a répondu : « Quatre heures. »

— Quel est son nom ?

— Je ne sais pas.

— Où habite-t-il ?

— Je ne sais pas.

— Cet homme, accusé, pourriez-vous le reconnaître ?

En proie aux affres de l'agonie, le désespéré, d'un geste machinal et lent, tourna la tête vers la sombre foule entassée dans le prétoire. Tout était fini sans doute et le supplice allait être prononcé quand, tendant les deux mains avec la frénésie du naufragé qui voit flotter sur l'eau la planche du salut :

— Le voilà ! clama-t-il d'une voix éperdue.

Et ce cri de l'innocent retentit par la ville comme la foudre et les clairons.

L'HYSTÉRIQUE

(FRAGMENT)

—

L'événement s'étouffa dans une fin de carême saintement occupée, le nettoyage des âmes ayant été suivi de près du nettoyage des maisons. Pendant toute la durée du samedi, le Béguinage entier retentit d'un grincement ininterrompu de balais écurant les trottoirs et les corridors : partout, l'eau jetée à pleins seaux entraînait les poussières anciennes, s'étendait en mares, donnait aux boiseries et aux pavements une fraîcheur de rajeunissement. On lava les carreaux, les portes, la rue, à grands bouillons de savonnée qui servirent en outre à décrasser les saintes et les saints de pierre dans leurs niches empoicrées des salissures de l'hiver. Les rideaux des fenêtres, roussis par les dégels, avaient été remplacés par des guipures fleurant le bain récent; et quelques béguines aisées avaient fait échauder le plafond de leurs chambres. Toutes se remuaient en de fiévreuses allées et venues, les manches retroussées jusqu'au coude, un pan de leurs jupes pileuses passé dans la ceinture, avec l'affairement de cette grosse besogne annuelle par laquelle elles fêtaient à leur manière la renaissance de l'Eglise. Et à mesure que s'avançait l'heure, le travail redoublait, la rumeur grandissait, le gémissement des pompes s'activait; la silencieuse retraite faisait à elle seule plus de bruit que la ville tout entière. Des fers à polir s'imprimaient avec des coups sourds sur les guimpes nouvellement lessivées; les vantaux brusquement repoussés claquaient sur la profondeur des bahuts; on entendait brandiller et carillonner en tous sens les sonnettes frottées à l'émeri; et les vaisselles tintaient, bouchonnées furieusement. D'un bout à l'autre des ruelles, bruyaient la bourrée des sabots battant le pavé, le flic flac des vieilles semelles glissant sur les dalles, un piétinement qui dégringolait les escaliers, bredi-breda par les chambres, emplissait les petites maisons de la cave au grenier. Une rage de propreté s'était emparée des bonnes femmes, qui, exténuées, les ongles écornés, la peau crevassée de gerçures, ne sentaient plus la fatigue et constamment repassaient la brosse et le torchon sur les mêmes endroits, dans leur envie immodérée de tout faire reluire. Par les fenêtres ouvertes pénétrait l'air vif du dehors, séchant l'humidité des parquets longuement arrosés et des murs fleuris d'anciennes moisissures. Et petit à petit les maisons, toutes blanches avec leurs linges renouvelés, leurs papiers de tentures époussetés, prirent des airs de chapelles parées pour recevoir des saintes vierges. Puis le soir tomba sur ces graves occupations, les portes se fermèrent et derrière les vitres les lampes allumées mirent des points rouges, tandis que le tapage du jour s'assoupissait dans une torpeur de lassitude. Cependant, des passages d'ombres sur les rideaux indiquaient que le travail n'avait pas cessé partout, et bien avant dans la nuit, sœur Mechtilde du Saint-Sacrement, fut aperçue par un passant attardé, lequel avait mis curieusement l'œil à la fente du volet, son vieux chat roux sur les genoux, lui peignant sa longue toison et passant à son cou un ruban de soie bleue, pour l'égaler en beauté au reste de l'habitation.

Une même animation avait régné tout le jour dans l'église. Deux sœurs plus jeunes s'étaient jointes à la vieille Anne de Jésus pour préparer le sanctuaire aux splendeurs pascales; et toutes trois ensemble, à grande eau, avaient refraîchi les dalles, les autels, les confessionnaux, la sacristie. Le tabernacle, débarrassé de ses voiles de deuil, s'était ensuite décoré, sous leurs mains rapides, d'un lustre inhabituel. Des chandeliers d'argent massif, prêtés par Mme Monard, avait été substitués aux flambeaux de cuivre des jours ordinaires. En même temps trois nappes, garnies de fine dentelle, remplacèrent sur l'autel les guipures mises au temps de l'Avent. Puis, un à un, les vêtements sacerdotaux furent tirés des armoires, dépouillés de leurs housses, battus à petits coups de vergettes, finalement étalés sur des portemanteaux, la chasuble et les dalmatiques, toutes raides d'orfrois et pesantes comme des armures, avec la forme des épaules demeurée dans les soies, les aubes vaporeuses et légères, écroulées en une infinité de longs plis, les robes des enfants de chœur traînant à terre avec le balaiement de leurs longues queues éraillées par les clous de bottines. Toute cette gloire du lendemain s'irradiait dans sa vétusté magnifique, illuminée au soleil des vitraux d'un scintillement de pierreries où des mites passaient par moments, avec le tremblotement de leurs ailes argentées, et une vieille odeur d'encens, très douce, comme un peu de la personne du prêtre, sortait des étoffes, mêlée à des senteurs piquantes de vétiver.

Puis, les encensoirs furent passés au blanc d'Espagne, une peau de chamois caressa les ciselures du calice en vermeil, et des verdures roulées dans du marc de café rendirent à la pourpre fanée du tapis du chœur leur sombre rutilance primitive. De temps à autre, les trois béguines, lassées, s'asseyaient, leurs chapelets tournant entre leurs doigts, puis réconfortées par la prière, se remettaient à la toilette du temple, concentrant dans cette sévère occupation toutes les coquetteries abolies en elles. Il leur paraissait que chaque coup du plumeau dissipait un peu plus les ombres funèbres dans lesquelles la maison de Dieu avait été plongée, et leur forte foi simple sentait revenir, au bout de leur patient nettoyage, la bienheureuse présence de Jésus ressuscité. Une sourde vanité se mêlait, d'ailleurs, à leur zèle pieux : tout en pensant au plaisir du divin hôte rentrant dans sa demeure et y trouvant les choses en bel ordre, elles jouissaient aussi de la pensée que leur église serait plus belle que les autres; et secrètement, elles s'avouaient que si, par fortune exceptionnelle, le curé les complimentait, une parole de lui les payerait et au delà, de leurs fatigues. Lorsqu'enfin elles quittèrent l'église, le soir livide effaçait sur les dalles la rouge réverbération des vitraux, et les piliers, comme une estacade battue des eaux, lentement s'engloutissaient dans le flux crépusculaire.

Le Béguinage s'éveilla de bonne heure. Un pâle soleil, comme un symbole de vie renaissante, glissait à travers les rideaux, éclairant la gaieté des chambres et le rose animé des visages, rassérénés après les desséchantes tristesses de la Sainte-Quarantaine. Sur les seuils, les saints de pierre, grelottant encore des humidités de la veille qui, sous la gelée blanche de la nuit, s'étaient converties en chandelles diamantées, dégouttaient lentement au rayon matinal. Et un bien-être universel, la détente d'une longue oppression flottaient dans la mansuétude de ce commencement de journée, caressant comme si la nature s'associait à la réconciliation du ciel avec la terre. Des voix s'échappaient des huis, en bourdonnements de paroles ailées, montaient dans l'air parfumé d'une odeur de bouillon gras qui signalait le retour des anciennes gourmandises, le besoin d'une discrète bombance au sortir d'un jeûne rigoureux. Celles qui possédaient des relations dans la ville avaient reçu dès la veille des provisions de fête, de la tarte et des fruits, des pâtisseries sèches, quelques-unes des poulets et des quartiers de viande; et sur les fourneaux, malgré l'heure matinale, mitonnait une cuisine qui lubrifiait à l'avance les lèvres. Ragoûtantes sous leurs robes rafraîchies, la blancheur lustrée des coiffes répercutée sur les visages en lumières mobiles et mates, les saintes filles se dirigèrent vers l'église, au brimbalement de la cloche revenue de Rome, frisque et babillarde. Chaque fois qu'elles se rencontraient, elles échangeaient entre elles des saluts souriants, dans une mutuelle abdication de toutes les petites rancunes qu'elles nourrissaient l'une contre l'autre en temps ordinaire, et des vœux, des témoignages de banale amitié volaient de bouche en bouche :

— Bonne fête de Pâques, ma sœur !

Sous le porche, un homme d'environ trente-cinq ans, robuste dans sa ragote taille, de grosses mains de tâcheron, un bon sourire sur sa face ronde rattachée au torse par un col sanguin, accueillait les béguines au fur et à mesure de leur entrée, par le souhait familier. Et toutes répondaient, en s'inclinant à demi :

— Pareillement, monsieur Martinus !

Mais ce n'était pas pour les saluer au passage que le carillonneur de la ville arpentait depuis un quart d'heure le parvis de l'église. Ses regards enfilaient inquiètement la venelle qui s'allongeait devant lui, avec ses deux rangées uniformes de maisons étroites et basses, toutes également capuchonnées de toits de tuiles et garnies aux fenêtres de petits rideaux blancs. Dans la perspective moutonnait un fouillis de silhouettes, les plus grosses ressemblant vaguement, sous leurs coules d'un tour ample, à de lourds bousiers cheminant au soleil; et d'autres, plus sèches, arpentaient nerveusement le pavé caillouteux avec des enjambées de faucheux. A la fin une porte s'ouvrit dans la direction que n'avaient point cessé de prendre ses yeux, et il en vit sortir un clair béguin gentiment posé sur de saines joues rouges. Alors sa bouche bonace écarquilla un sourire plus large qui finit par s'immobiliser dans les plaques vermillonnées du visage. Petit à petit, le béguin se rapprochait, sortait de la pénombre embrumée de la ruelle, entrait dans la grande lumière tranquille de la place qui précède l'église, et les joues apparaissaient à présent, sous les blancs linges empesés, comme des fruits mûrissants, d'une sève chaude et vivace. Martinus fit un pas, tendit ses paumes dans lesquelles se posèrent deux mains grasses et potes et sa jovialité naturelle se fondant tout à coup sous une émotion de jeune tendresse, il lui susurra avec un grisollement dans la voix :

— Claire, sœur Claire, j'étais venu... j'attendais... j'avais des choses à vous dire !... mais je ne sais plus quoi !

Puis se rappelant :

— Ah ! oui, une bonne fête de Pâques !

Et il traîna sur cette phrase, s'embrouillant à la répéter de ses grosses lèvres ouvertes.

Non moins embarrassée, sous la douceur humide de ces yeux bleus qui la mangeaient, sœur Claire se sentait envahie d'une grande rougeur, dans le tumulte de son sang de vierge.

— Merci !... C'est bien gentil !... Moi aussi, bégayait-elle à travers l'émoi d'un sourire ravi.

Et ils demeurèrent là, oubliant l'église, le passage des curieuses béguines, les petites toussoteries indignées des anciennes, dans cette pression chaude de leurs mains enlacées où passaient les amollissements d'une affection déjà longue.

Martinus Putz, le premier, eut la conscience du danger qu'il y avait pour tous deux à s'exposer en public et serrant les doigts de sœur Claire dans une étreinte plus forte il lui chuchota à demi-voix :

— Allons-nous en... On nous regarde... Mais je vous verrai de là-haut, Claire... Oui, du haut de mon orgue... Et je jouerai pour vous... de jolis airs, vous verrez !

Ils s'entre-regardèrent encore un bon coup, comme on boit un breuvage grisant, puis se quittèrent, elle, se coulant dans le poudroiement soleilleux du porche, lui, se faufilant à travers l'escalier colimaçonnant qui conduisait au jubé. Et tandis qu'elle trempait le bout de la main dans le bénitier, ses prunelles roulèrent une dernière fois du côté de l'ombre où deux fortes épaules achevaient de disparaître.

Une blancheur liliale et molle emplissait l'église, tournoyant autour des piliers et avivant jusqu'aux sombres renfoncements des confessionnaux. Elle entrait par les hautes fenêtres latérales en larges ondes laiteuses qui s'étendaient sur les dalles, les murs et les voûtes, avec l'enveloppement d'un grand brouillard où les contours se fondaient, comme dissous au flot de cette lumière humide, grasse, vivante, célestement pascale. Sur l'autel des candélabres s'allumaient de flammes roses au scintillement des cierges, tout pâles dans la transparence de l'air. Et les cuivres du lutrin, l'or du tabernacle, la grande Trinité de marbre, estompés par le demi-jour de la reculée, ne se distinguaient plus, dans l'alme tremblement du matin, qu'à des taches vagues, immatérielles, comme des clartés plus vives dans la mort universelle de l'ombre.

On entendit tout à coup le carillon des sonnettes agitées par les enfants de chœur, et aussitôt après le curé apparut suivi de ses diacres, des prêtres amis qui avaient bien voulu s'adjoindre à lui pour l'office de ce grand jour. Ils descendirent la nef, firent le tour de l'église, du pas solennel des processions, toutes les clochettes éclatant à la fois sur un rythme précipité et l'assistance entière suivant, mains jointes, la majesté du sacrement, dans le floconnement des cassolettes balancées à grandes volées. Puis l'orgue fit entendre un tonnerre d'accords et le curé étant monté à l'autel, la messe commença. Les dalmatiques évoluaient autour de la chasuble, en lentes paraboles enflammées par la pourpre des vitraux du chœur, et sur leurs ors et leurs broderies l'illumination des cierges ruisselait en larmes ignées. Les béguines remarquèrent que l'officiant n'avait plus la belle onction, les nobles gestes mesurés des offices du dernier Noël : il semblait repris d'une agitation fiévreuse au milieu du déroulement des cérémonies sacrées, scandées par la démarche lente et les attitudes recueillies des diacres; et ses mouvements s'accéléraient dans de brusques saccades ou de plus clairvoyantes qu'elles eussent discerné les agitations d'une âme rebourse. Inclinées sous sa main, elles goûtaient la joie d'être en paix avec Dieu et elles-mêmes, se sachant ressuscitées du péché à la grâce, à travers la résurrection de l'Eglise. Et les grands murmures sourds de l'orgue, prolongés comme des adorations, faisaient descendre en elles des sensations d'éternité s'écoulant dans la tendresse du Seigneur, au bercement des musiques. D'autres fois, des chants joyeux, d'une allégresse vive, emportée, comme dans l'élan d'un immense bonheur terrestre, leur donnaient l'illusion d'une fête d'âme, débordant en sensualités mystiques. Martinus Putz, avec son habitude des grosses sonorités du carillon, sur lequel il plaquait à poings fermés des morceaux bruyants comme des marches militaires, se laissait aller, d'ailleurs, à toutes les fantaisies de son répertoire, entremêlant des mélodies sacrées de cascades d'arpèges et de volées de fioritures qui par moments communiquaient à l'énorme instrument la folie dansante d'un orchestre de kermesse. Et sœur Claire, l'écoutant d'en bas se démener dans cette tempête d'harmonie, oubliait la messe, ne pensait plus qu'à cette promesse de jouer pour elle seule qu'il lui avait faite, travaillée de vieux souvenirs de jeunesse au branle prodigieux de l'orgue et toute secouée de petits frissons intérieurs, d'une folle démangeaison de tournoyer au bras de son ami, ou la petite paysanne d'autrefois reparaissait sous les graves vêtements de la béguine.

A l'issue de la messe, elle s'attarda dans une suite de signes de croix lentement promenés du front à la poitrine, mettant un temps infini à se dépouiller des grands voiles blancs dont, à l'exemple des autres, elle s'était entouré la tête. Dans l'éloignement, le traînement des pieds décroissait, et bientôt il ne resta plus qu'une demi-douzaine de silhouettes, s'espaçant parmi les rangées de chaises dégarnies, le dos en boule, englouties dans l'ampleur des draperies et comme abîmées aux délectations de la prière. Sœur Claire embrassa d'un rapide coup d'œil le cercle diminué des béguines, ébaucha devant l'autel une génuflexion dans laquelle une toux partie du jubé l'arrêta court, et les yeux baissés, rougissante ainsi que d'une incitation au péché, fila enfin à pas muets par la nef. Quand elle passa devant l'escalier du jubé, elle entendit un *psitt* qui partait de l'ombre, n'eut pas l'air d'y prendre attention, mais s'attarda longuement devant le bénitier. Et une voix timide, empressée, un peu tremblante, coula tout à coup à son oreille un murmure de paroles plus doux que toute la musique qu'elle avait entendue :

— Claire... maintenant que le carême est fini, revenez-nous voir, hein !... La mère sera contente.

Sa prunelle brune se posa un instant sur le carillonneur, avec une langueur moite; mais entendant derrière elle un pas qui se rapprochait, elle inclina la tête légèrement, étouffa dans un subit accès de toux deux petits oui, dits coup sur coup, que lui seul perçut. Puis elle descendit les marches du parvis et il la vit se perdre dans la lumière de la rue.

NI CHAIR, NI POISSON

L'AVANT-DERNIER CHAPITRE

—

— Mon ami, je sors. Il est six heures. Je vais chez Mme de Marbois.

Elle se regarde une dernière fois dans la glace, la tête tournée par-dessus son épaule, aplatit d'une légère tape de la main ses jupons, et lentement, d'un pas mesuré, se dirige vers la porte.

Le bout de ses doigts pose sur le bouton : elle va le tourner. Non, elle revient sur ses pas. Un gentil sourire entr'ouvre sa bouche, laissant briller la blancheur de ses dents ; et ses lèvres remontent de chaque côté, dans le pli gras des joues. Elle n'est ni plus pâle ni plus rose qu'à l'ordinaire : elle est plus jolie, voilà tout. Au fond de sa prunelle tremblote une lueur, et le coin de ses yeux se plisse, d'un air méchant et doux : on dirait qu'elle va tuer quelque chose.

— Eh bien ! dit-elle, tu ne me tends pas la main ?

Elle s'avance vers lui, en se balançant sur ses hanches, la tête haute, et lui met dans la main ses doigts ronds et fins, moulés dans de la peau de Suède. Comme il est plus grand qu'elle, elle pose la tête sur sa poitrine et le regarde de bas en haut, avec une perfidie câline.

— M'en veux-tu ? Désires-tu que je n'aille pas chez Mme de Marbois ?

Il la regarde à son tour, longuement, silencieusement et finit par lui dire :

— Ma foi, tu en feras ce que tu voudras : je te laisse libre, tu sais bien.

Elle serre sa main dans la sienne, pousse un petit soupir et se dirige du côté de la porte, en le regardant par-dessus son épaule.

— Adieu ! dit-elle.

Et la porte se referme sur elle.

— N'y pensons pas, se dit le mari.

Il s'allonge sur un sofa, attire à lui un livre et se met à lire. Au bout d'un instant, il l'abandonne : sa pensée est ailleurs, il songe à sa femme.

— Pendant un temps, nous nous sommes aimés ; son bonheur était de demeurer près de moi, le mien de vivre auprès d'elle... Quelles folles journées ! Le parfum de ses robes me faisait délirer alors... A présent...

Il ouvre la fenêtre, fait deux fois le tour de l'appartement, puis s'arrêtant, les yeux perdus dans le vide :

— A présent, c'est fini.

Il prend un cigare, l'allume et s'endort.

Il est réveillé par une voix claire, joyeuse, qui lui dit :

— On ne ferme donc plus ses portes? J'ai sonné : personne n'est venu, et trouvant tout ouvert, je suis entrée.

— Et vous avez bien fait, chère amie.

Il la prend par la main et la conduit à un fauteuil qui est près du sofa.

C'est Mme de Marbois.

— J'ai à vous gronder, lui dit-elle : il paraît que vous séquestrez absolument cette pauvre Lucile : on ne la voit plus.

— Vraiment ? Et moi qui me plaignais que vous l'accapariez !

— Par exemple !

— Tenez, ce soir encore... Il est neuf heures ! Voilà trois heures qu'elle est à vous attendre chez vous.

— Trois heures ! Ne dites pas cela : je sors de chez moi à l'instant. Mais si vous m'assurez qu'elle m'attend, je me sauve.

— Elle ne vous attend pas, soyez sans inquiétude... C'est pur badinage... Vous allez prendre le thé avec moi.

— C'est une idée ; peut-être reviendra-t-elle pendant ce temps.

Et il répond :

— Oui, peut-être.

Il sonne : la bonne apporte le thé.

Mme de Marbois tire ses gants, fait jouer ses doigts, frappe ses mains l'une dans l'autre, se renverse dans son fauteuil, rit très haut. Lui, la regarde ; il n'est pas ému.

Dix heures et demie sonnent à la pendule : elle remet ses gants, lentement ; elle paraît agitée ; il la reconduit jusqu'en bas.

— Vous permettez que je ne vous accompagne pas plus loin ? dit-il.

Et il remonte : elle en est pour ses frais.

Il prend son front à deux mains, une colère terrible s'empare de lui, il brise une chaise, une table.

— Sa maîtresse, elle doit l'être ! C'est chez cet homme qu'elle va tous les soirs! C'est là qu'elle est allée aujourd'hui! Cette Mme de Marbois est bien tombée.

A minuit, un bruit de soie, un craquement de bottines se font entendre dans l'escalier ; puis un coup de sonnette.

Sa colère tombe : il est maître de lui.

La porte s'ouvre : c'est elle.

— M'attendais-tu, mon ami ?

Elle a le même regard, le même sourire que quand elle est sortie : elle les appuie sur lui de toutes ses forces. Un petit nuage rose court sous la peau de ses joues ; sans doute, elle s'est pressée un peu, très peu, car sa poitrine se soulève à temps égaux, doucement, presque avec chasteté.

— Je t'attendais, comme tu vois, répond-il.

— C'est bien gentil à toi... Défais-moi mon gant, je te prie.

Il est très poli, très froid : il l'aide à se débarrasser de ses gants, de son chapeau, de son manteau... Elle se regarde dans la glace, redresse ses frisures du bout du doigt, rajuste le nœud qu'elle porte au cou et vient s'asseoir près de lui, amoureuse, lassée.

— Tu viens de chez Mme de Marbois ? demande-t-il.

— Oui, mon ami ! il y avait une dizaine de personnes... Les Béjon, M. et Mme Narcisse, d'autres encore... Tu aurais oliment ri.

— Ah ! — Et tu y es demeurée jusqu'à cette heure ?

— Le temps de revenir tout au plus... J'espérais bien te trouver en rentrant... Et toi, qu'as-tu fait pendant mon absence ?

— Rien ! — Ah ! si fait, j'ai pris le thé.

— Tu ne t'es pas trop ennuyé ?

— Non.

Elle croise les mains sur son épaule, sa peau moite presque collée à la sienne, avec le joli sourire cruel des tromperies accomplies, et, l'esprit distrait, fait danser sa mule au bout de son pied.

— A propos, fait-il de l'air le plus calme, quelqu'un est venu prendre le thé avec moi.

— Vraiment ?

— Oui, Mme de Marbois.

Ainsi qu'une panthère cinglée par le fouet du dompteur, elle fait un bond terrible ; en un instant une pâleur livide s'est répandue sur ses traits : ses yeux sont chargés de flammes ; les mains tendues, comme cherchant un appui, elle recule jusqu'au mur. Puis, les dents serrées, furieuse, elle croise les bras et la gorge soulevée par brusques saccades, lui jette ce défi :

— Mme de Marbois est venue !... Alors, vous savez tout...

— Eh bien ! après ?

CAMILLE LEMONNIER.

LIBRAIRIE NOUVELLE. — Bruxelles, 2, Boulevard Anspach, 2.
LIBRAIRIE UNIVERSELLE. — Paris, 41, rue de Seine, 41.
DIRECTION : Bruxelles, 62, rue du Marteau, 62.

TABLE

BIBLIOTHÈQUE A BON MARCHÉ
A 10 CENTIMES LE VOLUME
FRANCO PAR LA POSTE : 15 CENTIMES
ABONNEMENT A 50 VOLUMES: 6 FRANCS 25 CENTIMES

Notre but est de mettre à la portée du grand public :

1° Les œuvres de choix des maîtres écrivains de tous les temps et de tous les pays;

2° Les écrits importants ou curieux qui, par diverses raisons, sont peu communs ou peu accessibles à la plupart des lecteurs.

3° Des monographies claires, précises, complètes, écrites par des spécialistes, sur tous les sujets auxquels s'intéresse l'intelligence humaine : *Philosophie, Sciences, Géographie, Histoire, Politique, Beaux-Arts,* etc.

4° Des œuvres littéraires d'auteurs contemporains.

Ainsi qu'on peut le voir par la liste des 100 premiers volumes en préparation, la *Bibliothèque à Bon Marché* parcourra successivement le cycle entier des connaissances humaines.

Lorsque des figures seront nécessaires pour l'intelligence du texte, les volumes seront illustrés sans augmentation de prix.

Les volumes se succéderont aussi rapidement que le permettront les nécessités de l'impression. Chaque volume, formant un tout complet, contiendra 32 pages du format et du texte de ce prospectus, revêtues d'une couverture.

Le prix de chaque volume, à la Librairie Universelle, 41, rue de Seine, à Paris et chez tous les libraires, est de 10 centimes.

Pour recevoir chaque volume franco par la poste, il faut adresser un timbre-poste de 15 centimes au Directeur de la Librairie Universelle, 41, rue de Seine, à Paris.

Afin de supprimer les frais de correspondance ou les courses chez les libraires pour chaque volume, il vaut mieux s'abonner pour *cinquante volumes,* en envoyant un mandat postal de 6 fr. 25, à l'ordre du Directeur de la Librairie Universelle, 41, rue de Seine, à Paris.

NOTA. — *L'abonnement à cinquante volumes peut partir de n'importe quel numéro de la collection, et l'on peut indiquer, en s'abonnant, quels volumes on désire ne pas recevoir.*

CATALOGUE
DES 100 PREMIERS VOLUMES
DE LA
Bibliothèque à Bon Marché
(L'ordre indiqué est susceptible de subir des modifications)

———

10 CENTIMES LE VOLUME

10 CENTIMES LE VOLUME

ETC., ETC., ETC., ETC., ETC.

10 CENTIMES LE VOLUME

FRANCO PAR LA POSTE: 15 CENTIMES

Abonnement à 50 volumes: 6 Fr. 25

LIBRAIRIE UNIVERSELLE, 41, RUE DE SEINE, PARIS

IMPRIMERIE UNIVERSELLE, 41, RUE DE SEINE, A PARIS

A

POÈTES ET PROSATEURS
—

ANTHOLOGIE CONTEMPORAINE

DES

ÉCRIVAINS FRANÇAIS ET BELGES

—

TOME DEUXIÈME

—

www.ingramcontent.com/pod-product-compliance
Lightning Source LLC
Chambersburg PA
CBHW070620100426
42744CB00006B/555